JN199526

# バスケットボールの戦い方

## ピック＆ロールの視野と状況判断

佐々宜央

## 世界の主流になりつつある「ピック＆ロール」

本書を出版するにあたり、メインテーマを「ピック＆ロール」にした。40代前後からそれより年配のバスケットファンにとっては「ピック＆ロール」と聞くと、かつてNBA（National Basketball Association）のユタ・ジャズでプレーしたジョン・ストックトンとカール・マローンが多用していた2対2を思い起こすかもしれない。

しかし現代バスケットの「ピック＆ロール」は2対2だけで完結するものではない。そこから5対5にまで広がる、きっかけのプレーでもあるのだ。

また「ピック＆ロール」はアジアを含めた世界のバスケットボールシーンでも主流になりつつあり、もはや無視できない戦術になってきている。とくに本書のメインターゲットである中高生は、そのディフェンスが主にマンツーマンディフェンスだと推測する（中学生は日本国内ルール上、100パーセントそれであるはずだ）。そのマンツーマンディフェンスに対して、いかに「ピック＆ロール」を使うか。本書では私が学んできて、実際に今もチームオフェンスの中心に置いている「ピック＆ロール」について紹介したい。

しかしここで紹介したいのは、B. LEAGUE で私のチーム（琉球ゴールデンキングス）が使用しているチーム戦術ではなく（一部にはそれもあるが）、「ピック＆ロール」の基本的なスペーシングについてだ。どのようにスペーシングをして、そこからどのように合わせるべきか。これは琉球の選手たちにも強調していることで、それが5対5に広がるだけでなく、よりよい「1対1」にもつながっていく。

私自身のコーチ歴を振り返ったとき、「ピック＆ロール」は好きな戦術ではある一方で、もうひとつしっくりとこない、何かモヤモヤしていたものがあった。しかしリンク栃木ブレックス（現・栃木ブレックス）でアンタナス・シレイカヘッドコーチ（当時。リトアニア）の下、また男子日本代表ではルカ・パヴィチェヴィッチヘッドコーチ（当時。モンテネグロ。現・アルバルク東京ヘッドコーチ）の下でそれぞれアシスタントコーチを務めさせてもらって、やっと腑に落ちたことがある。どうやってピック＆ロールを使えばいいかがわかったのである。

たとえば1対1には、基本の姿勢──トリプルスレットポジションがあり、ドリブルはこう突くべきだ、パスはこう出すべきだといった基本がある。しかし「ピック＆ロール」の指導には、これといった基準が今まではなかったように思う。もちろんさまざまな基礎技術はあるのだが、「ピック＆ロール」をするにあたって、ここを押さえておけばよいという最低限の基準を2人のヨーロッパ人コーチから学び、理解することができたのだ。

## 「スペーシング」＝適切な位置にポジションを取る

近年さかんに使われるようになった「スペーシング」という言葉。わかるようで、実はよくわからないキーワードのひとつだと思う。なんとなく「コート上に広がる」くらいのイメージをお持ちの方も多いだろう。しかし「スペーシング」はむしろ「スポット」と言ったほうがいいかもしれない。つまり適切なスポット（位置）にポジションを取ることが「スペーシング」であると言えばわかりやすいだろうか。ボールが動いたら「（ほかの選手は）ココと、ココと、ココにいなさい」というイメージだ。

もちろんそこまで理解されている方も大勢いらっしゃると思う。しかし実際のゲームでは、プロであってもそのポジショニングが実にあいまいである。たとえば「ピック＆ロール」をしたときに、オフボールの選手がなんとなく指示されたあたりにいることがある。しかし「指示されたポジション」と「指示された"あたりの"ポジション」では雲泥の差になるのだ。本書ではそこをしっかりと示したいと考えている。

さらに日本では人とボールが常に動いているバスケット、「パッシングゲーム」を好む文化が根付いているように思える。それを伝統として、一時代を築いたと言ってもいい。それを否定するつもりはないが、時代は常に変化していく。戦略・戦術のみならず身体的要素も同様で、昔は身長の大きな選手は不器用と言われる時代もあったが、現在は国内外を問わず、2メートル5センチ、2メートル10センチの選手が普通にオールラウンドな動きができるようになってきた。さらにディフェンスの強度や質もかなり進歩している。単純にパスをつないでいるだけでは戦えない時代になっているわけだ。

「ピック&ロール」のスペーシングでは、ポジションを取る選手が止まっているように見える。走るゲームを好む人たちからは「動きが止まっている」と指摘されるかもしれない。その通りである。実際に止まっている。

しかしスペーシングのために「止まる」ことと、単純に動きが止まることとは、はっきりと異なる。スペーシングのそれは意味のある「止まる」なのだ。そのことをまずご理解いただきたい。

## 重要な意味を持つ 「スカウティング」

「ピック＆ロール」を紹介するにあたってはもうひとつ重要なことがある。「スカウティング」である。現代バスケットにおける「スカウティング」、つまり相手チームの情報収集・分析は非常に重要な意味を持つ。

最も簡単なスカウティングは、相手チームのエースは利き手がどちらで、ドリブルをするとき左右のどちらに行くことが多いかをチェックすることだ。それを知っておくだけでも、ディフェンスはしやすくなる。

本書のテーマである「ピック&ロール」も同様で、どのコーチもたいていはピック&ロールに対するディフェンス戦術を持っているものだ。それを知らずに、自分たちのピック&ロールをやみくもに推し進めても相手の術中にハマるだけ。事前に相手の守り方を知っておけば、それに対するオフェンスを準備することができる。相手の特長を事前に知る「スカウティング」は勝利につながる第一歩でもあるわけだ。

バスケットボールという競技は常に進化し続けている。「たまごが先か、鶏が先か」の議論も生まれそうだが、歴史を紐解けば、運動能力に長けた選手の1対1を守るために、チームで守る「チームディフェンス」が考えられた。すると攻撃側はそのチームディフェンスをかいくぐるためのオフェンス戦術を考える。また守備側は次の守り方を考える……そうしたことが連綿と繰り返されてきたのだ。それはこれからも続くだろう。

今回私が紹介した「ピック&ロール」も現代では主流とされているが、いつかは過去になり、古臭いオフェンスになるかもしれない。実際に本書のための最初の取材を受けてから数か月後、私が琉球ゴールデンキングスでの1シーズン目を終えて、内容の確認をしたときには、最初の取材で示したものとは異なる動きを示していた。削除したものもある。さまざまな経験と知識を得て、B. LEAGUEのヘッドコーチとしてこうしてみようと考えていた戦術が実践のなかでシェイブされ、よりよい戦術が構築されたからだ。バスケットボールという競技の発展を考えれば、それがあるべき姿なのだと思う。

競技として年々進化し続けるなかで、それでも本書を出版することを決めたのは、自分が学び、実践のなかで作り上げてきたピック&ロールの戦術を一度整理しておきたかったからに他ならない。

本書が、指導者や選手にとってバスケットボールへの知識をより深めるヒントとなり、ファンの方々がバスケットをより楽しむための一助になれば幸いである。

佐々宜央

# 本書の使い方

**本**書では、バスケットボールの戦術を３Dグラフィックによる図を用いてわかりやすく示している。特定の戦術、シチュエーションをさまざまな角度・視点からマルチアングル（多角的）に解説しており、より直感的に理解することができる。第１章と第２章のドライブ＆リアクトとピック＆ロールの導入から、第３章以降で解説するサイド、エルボー、トップでの実践的なピック＆ロールへ、段階的に身につけていこう。また、項目ごとにページを構成しているので、とくに知りたい項目があればピックアップして習得することもできる。目的に応じて活用しよう。

## タイトル

習得する戦術の内容・名称が一目でわかる

## Point

戦術遂行のための特記事項

## NG

注意点、悪い例を紹介

## check

意識すべき点を解説

## ３Dグラフィック図

３Dのグラフィックを用いた図で戦術を解説。選手やボールの動きを矢印で示しており、説明文を読むことでさらに理解を深められる

→ ＝選手の動き 〜〜〜▶ ＝ドリブル ---▶ ＝パス

## point of view

「ボールマンの視点」、「スクリーナーの視点」など、そのシチュエーションにおいてキーになる選手の視点から戦術を解説。マルチアングルな図解によって、動きをイメージしやすくなる

## 選手

オフェンスの選手はポイントガード（PG/ ❶）を赤、シューティングガード（SG/ ❷）を青、スモールフォワード（SF/ ❸）を紫、パワーフォワード（PF/ ❹）を緑、センター（C/ ❺）をオレンジに色分けしている。ディフェンスの選手は灰色で統一

PG/ ❶　SG/ ❷　SF/ ❸　PF/ ❹　C/ ❺　DF

# 用語索引

ここでは、本書にて用いられている専門的なバスケットボール用語を、その説明が記載されたページとともに、五十音順に並べている。用語の意味を確認したい場面で活用し、よりスムーズな理解のために役立てよう。

# CONTENTS

# 第1章

# ドライブ＆リアクトの導入

ボールマンが「ドライブ」で攻めたとき、最初に狙うべきはシュートだ。
しかし相手チームもヘルプディフェンスでシュートを打たせないように守ってくる。
このとき周りの選手はどのような「リアクト＝合わせの動き」をしたらよいだろうか？
この章では「ドライブ＆リアクト」の導入を紹介する。

# 01 2対2で合わせる

**▶ ドライブに対するヘルプサイドの合わせ方**

ボールマンのドライブに対して、周りの選手は合わせの動き（リアクト）をすることが重要である。その場に止まったままだと、パスコースを作りづらく、またボールマンからパスを受けても、ヘルプに行ったディフェンスが戻ってきやすいからだ。まずは2対2でドライブに対するヘルプサイド（ボールとは逆サイド）のアウトサイドプレーヤーの基本的な合わせ方を知ろう。

## ▶ コーナーで合わせる

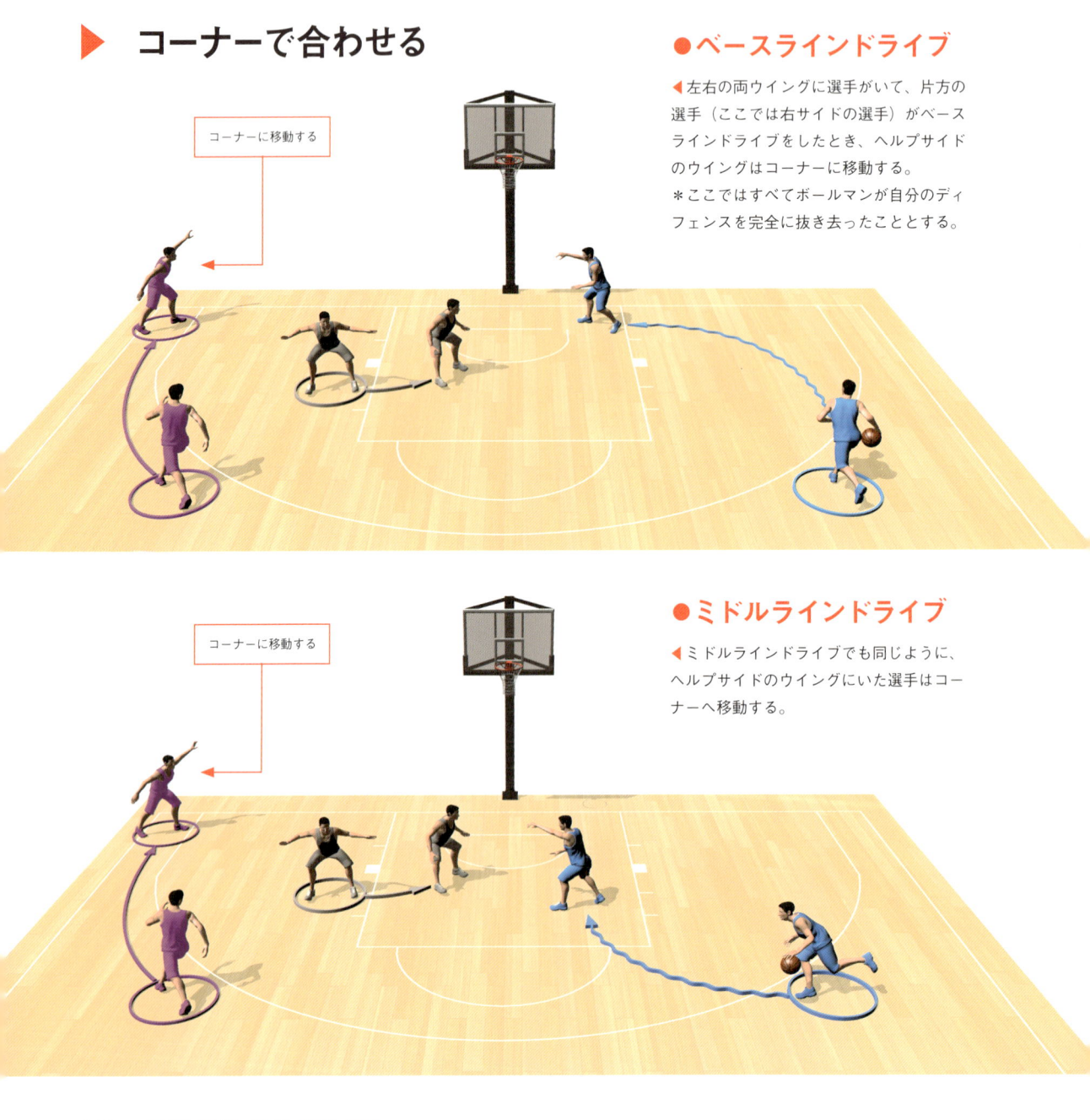

コーナーに移動する

**● ベースラインドライブ**

◀左右の両ウイングに選手がいて、片方の選手（ここでは右サイドの選手）がベースラインドライブをしたとき、ヘルプサイドのウイングはコーナーに移動する。
＊ここではすべてボールマンが自分のディフェンスを完全に抜き去ったこととする。

コーナーに移動する

**● ミドルラインドライブ**

◀ミドルラインドライブでも同じように、ヘルプサイドのウイングにいた選手はコーナーへ移動する。

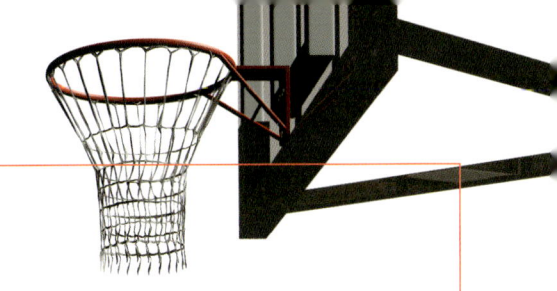

### Point ディフェンスと重ならない位置へ

ボールマンとディフェンス、ヘルプサイドで合わせる選手が直線上に重なると、ボールマンはパスが出せない。

ドライブに対してヘルプサイドのウイングを守っていたディフェンスがヘルプに行こうとする。コーナーに移動する選手はボールマンとディフェンスが直線上に重ならない位置に動くことが大切だ。

NG

GOOD

目線をしっかり合わせる

◀受け手からは「直線上に重なっていない」と思えても、ボールマンからはヘルプディフェンスが重なって見えることもある。ボールマンと目線をしっかり合わせて、「パスが出せるぞ」と思わせることが重要。

Point **動き出すタイミング**

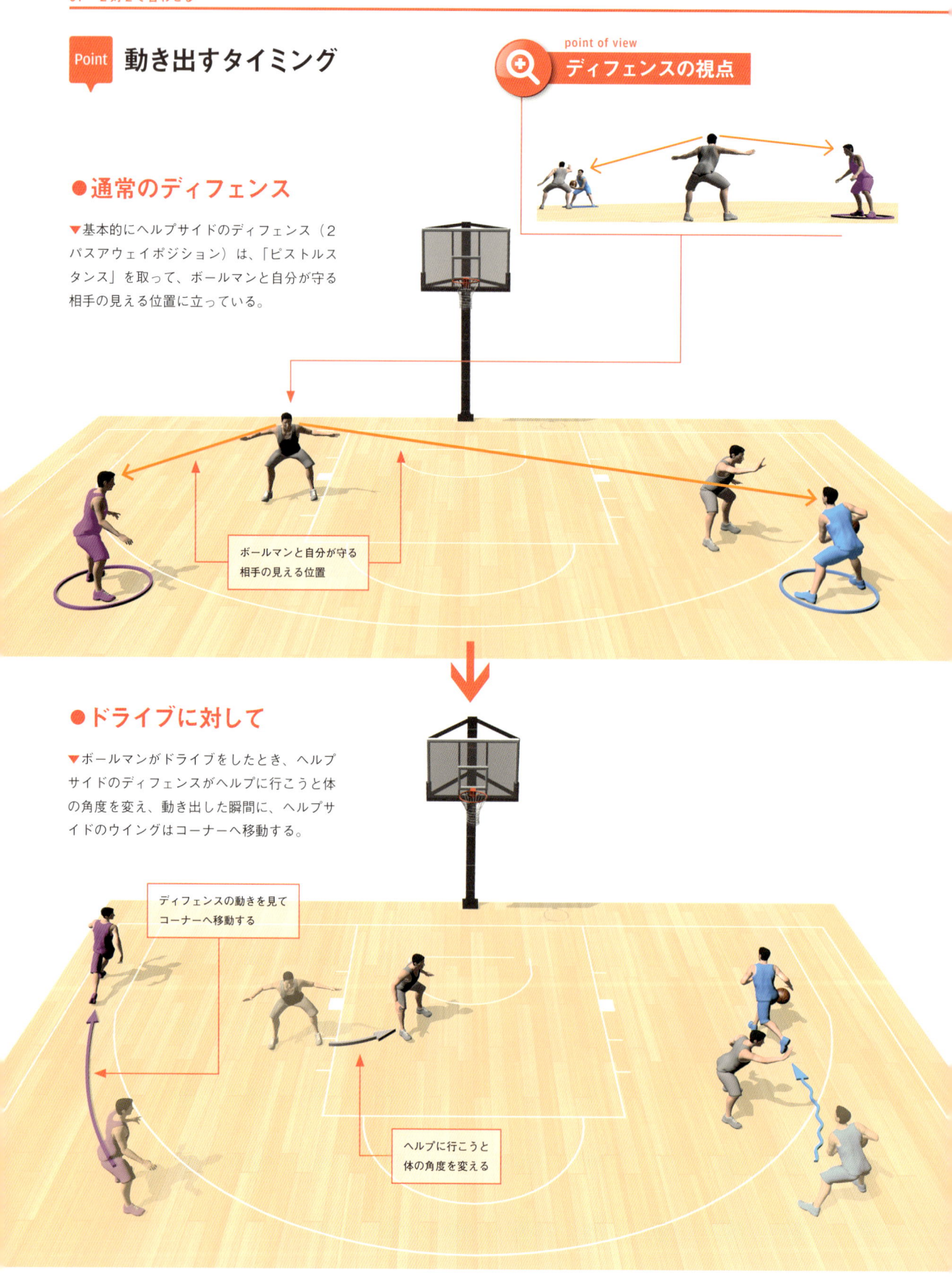

point of view
**ディフェンスの視点**

## ●通常のディフェンス

▼基本的にヘルプサイドのディフェンス（2
パスアウェイポジション）は、「ピストルス
タンス」を取って、ボールマンと自分が守る
相手の見える位置に立っている。

ボールマンと自分が守る
相手の見える位置

## ●ドライブに対して

▼ボールマンがドライブをしたとき、ヘルプ
サイドのディフェンスがヘルプに行こうと体
の角度を変え、動き出した瞬間に、ヘルプサ
イドのウイングはコーナーへ移動する。

ディフェンスの動きを見て
コーナーへ移動する

ヘルプに行こうと
体の角度を変える

# ディフェンスの小さな変化を見逃さない

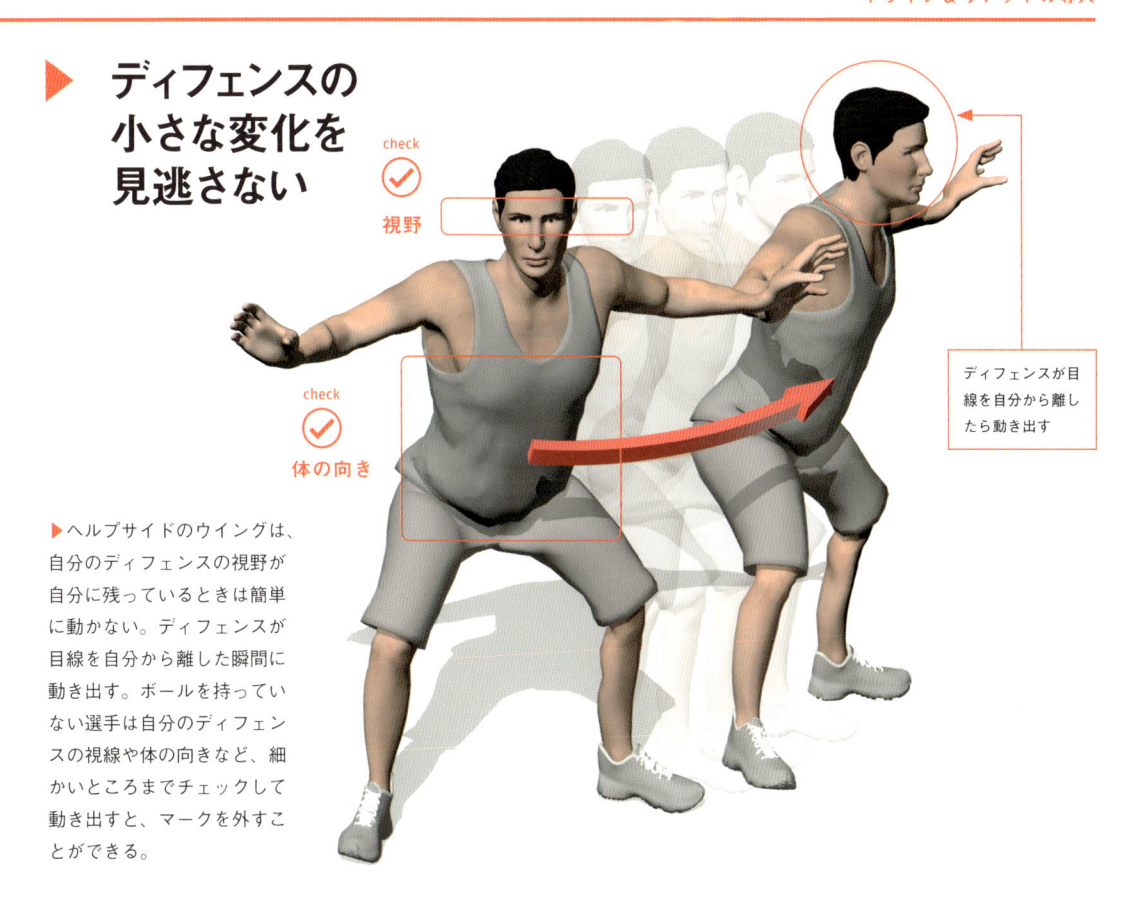

check
✓
視野

check
✓
体の向き

ディフェンスが目線を自分から離したら動き出す

▶ヘルプサイドのウイングは、自分のディフェンスの視野が自分に残っているときは簡単に動かない。ディフェンスが目線を自分から離した瞬間に動き出す。ボールを持っていない選手は自分のディフェンスの視線や体の向きなど、細かいところまでチェックして動き出すと、マークを外すことができる。

## ●動いて合わせるメリット

▼ウイングにいた選手がコーナーに移動すると、ボールマンがそこにパスを出したとき、ヘルプに行ったディフェンスは最初の位置（ウイング）に戻ろうとする。まさかコーナーに動いているとは思っていないからだ。ウイングに戻ろうとして、そこにいないことに気づき、動いたコーナーへ行こうとするワンテンポの遅れが、オフェンスにとっては攻撃のチャンスになる。

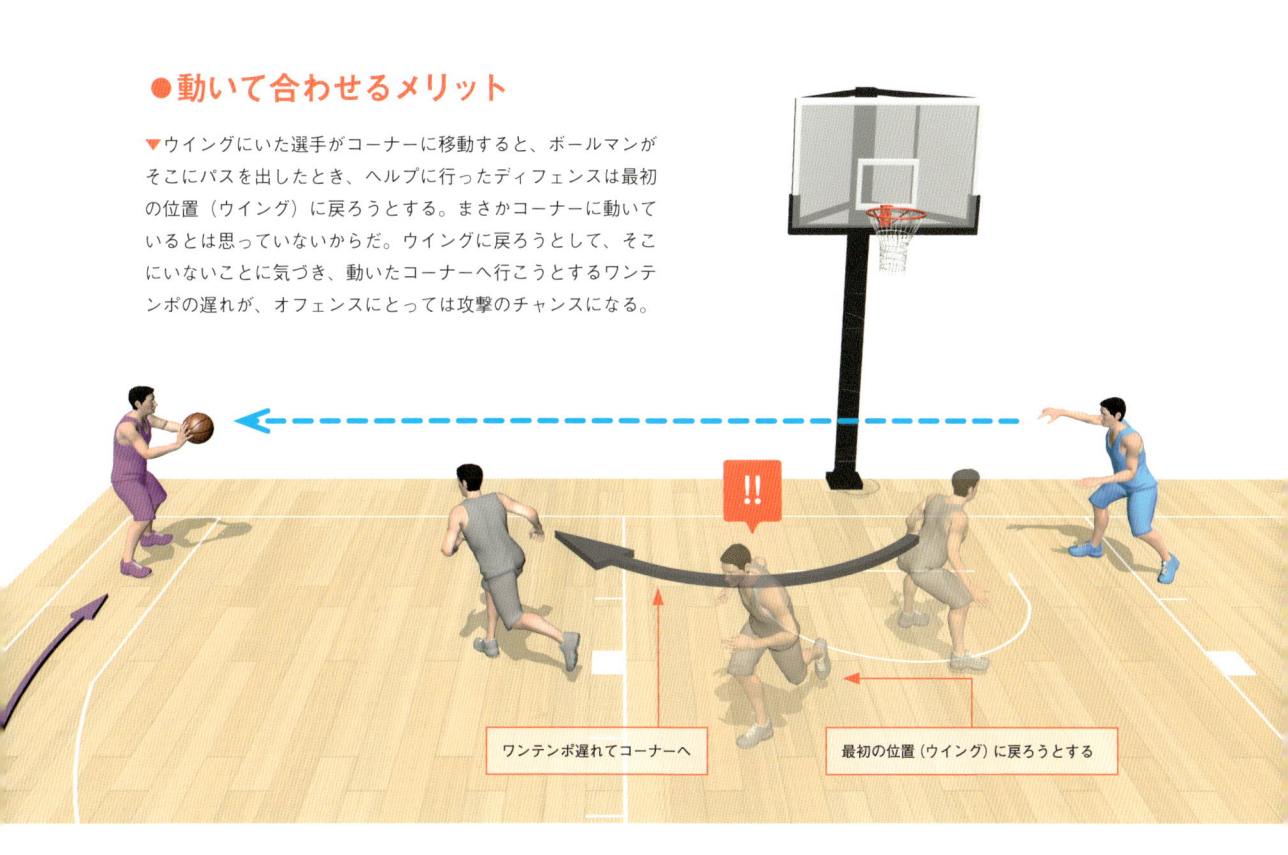

ワンテンポ遅れてコーナーへ

最初の位置（ウイング）に戻ろうとする

# 3対3で合わせる

## ▶ ヘルプサイドのインサイドの合わせ方

● ベースラインドライブ

ペイントエリアの中央に動いて合わせる

▼ウイングのベースラインドライブに対して、ヘルプサイドのウイングはコーナーへ移動する。同時にヘルプサイドのローポストにいた選手はペイントエリアの中央に動いて合わせる。ボールマンはヘルプサイドにいるそれぞれのディフェンスの位置を見て、空いているほうへパスを出す。

● ミドルラインドライブ

ベースライン側から逆サイドに移動して合わせる

▼ミドルラインドライブに対しては、ヘルプサイドのローポストにいた選手はベースライン側から逆サイドに移動して合わせる（ベースラインカット）。ヘルプサイドのウイングはコーナーに移動して合わせる。

ビッグマンが残っている
とパスできない

# ヘルプサイドの
ディフェンスを
よく見る

▶ヘルプサイドのディフェンスをよく見ておくことが大切だ。ボールマンはヘルプディフェンスがこなければシュートを狙う。ヘルプサイドのビッグマンのディフェンスがボールマンへヘルプに寄ったとき、ビッグマンが残っているとパスをすることもできない。

ヘルプディフェンスと
ボールマンの直線上に
重ならないように位置
を調整する

GOOD

▶ヘルプサイドのビッグマンが残っているとパスをすることができないので、ビッグマンは移動してパスコースを作る。

## ボールマンの視点（ベースラインドライブ）

▶ボールマンのパスの出しどころが2つに増えている。ディフェンスをよく見てパスを出す。

ヘルプディフェンスがこなければシュートを狙う

パスコース

パスコース

## インサイドプレーヤーの視点 （ベースラインドライブ）

◀ペイントエリアの中央で合わせるインサイドプレーヤーも、ヘルプに行った自分のディフェンスとボールマンが直線上に重ならない位置で合わせる。

自分のディフェンスとボールマンが直線上に重ならない位置に調整する

point of view
## ボールマンの視点（ミドルラインドライブ）

パスコース

パスコース

▶ミドルラインドライブをしたとき
も2人のディフェンスの動きをよく
見ておく。ウイングのディフェンス
がヘルプに寄ってくれば、コーナー
に移動した選手が空く。インサイド
のディフェンスもドライブを気にし
ていたら（＝自分のマークマンから
目を離す）、ベースラインカットを
した選手にパスを出せる。

point of view
## インサイドプレーヤーの視点
## （ミドルラインドライブ）

ディフェンスが
ドライブに気を
取られている

▶自分のディフェンスがド
ライブに気を取られて、体
の向きをそちらに向けた瞬
間、素早くベースライン沿
いを逆サイドに移動する。

# 4対4で合わせる

▶ ボールサイドのインサイドの合わせ方

## ボールサイドのインサイドの合わせ①

● ベースラインドライブ

▼ボールサイドのインサイドがいる状況でドライブをすると、そのディフェンスがドライブのヘルプをできる。このときボールサイドのインサイドプレーヤーはボールから少し離れるように、ペイントエリア内に動く。ヘルプサイドのウイング、インサイドプレーヤーは3対3と同じ動きで合わせる（P14）。

ペイントエリアの中央に動く

コーナーへ移動する

ボールから少し離れるようにペイントエリア内に

point of view

ボールマンの視点

パスコース
パスコース
パスコース

▶見なければいけないヘルプディフェンスは3人に増えるが、パスを出すコースも3つに増える。シュートと合わせて4つの選択肢のなかから状況に合ったものを選ぼう。

point of view
## ボールサイドのインサイドプレーヤーの視点

◀自分のディフェンスがドライブに対してヘルプに行けば、最初の位置から少し離れながらペイントエリア内に移動する。ボールマンから短いバウンズパスを受ければ、シュートを狙うこともできる。

最初の位置から少し離れながら移動する

point of view
## ボールサイドのインサイドプレーヤーを守っていたディフェンスの視点

‼

▼ドライブで抜け出してきたボールマンに目を向けたとき、マークマン（インサイドプレーヤー）が離れるように移動したため、視界から消えてしまう。もしボールマンからパスを出されたら、マークマンを探すところから始まるので対応が少し遅れてしまう。

ディフェンスの視界から消えてしまう

# ボールサイドのインサイドの合わせ②

▶ボールサイドのインサイドプレーヤーはほかにも、ゴールから少し離れたミドルレンジに移動して合わせるという方法もある。

ゴールから少し離れたミドルレンジに移動

## ●ミドルラインドライブ

▼ミドルラインドライブに対しては、ボールサイドのインサイドプレーヤーはペイントエリア内に入らず、自分のディフェンスの動きを見ながら、ショートコーナーに出て合わせる。ヘルプサイドのウイングとインサイドプレーヤーはそれぞれコーナーと、ベースラインカット（P14）で合わせる。

ショートコーナーに出て合わせる

コーナーへ移動する

ベースライン側から逆サイドに移動して合わせる

## ボールサイドのインサイドプレーヤーの視点

▼ミドルラインドライブに対して、ボールサイドのインサイドプレーヤーはショートコーナーに出て合わせる。自分のディフェンスがドライブのヘルプに行ったからといってベースラインカットをすると、逆サイドからベースラインカットをしてきたチームメイトとぶつかってしまうのでNG。ボールマンがパスを出せる位置に移動することが大切だ。

NG

GOOD

ベースラインカットをすると、チームメイトとぶつかってしまうのでNG

NG ▼ミドルラインドライブに対して、ヘルプサイドのインサイドプレーヤーがショートコーナーに出てしまうと、コーナーに移動したウイングとの距離が狭くなってしまう。オフェンス2人の距離が狭いと1人のディフェンスでその2人を守れてしまうのでNG。

距離が狭く1人のディフェンスで2人を守れてしまう

# 04 5対5で合わせる

**▶ 3アウト2インでの合わせ方**

## ▶ コーナー／スロットの合わせ

▼トップと両ウイングにそれぞれ選手を置き、インサイドに2人の選手を配置する「3アウト2イン」。トップから右ウイングにパスを送り、ボールを受けた右ウイングの選手はベースラインドライブを仕掛ける。

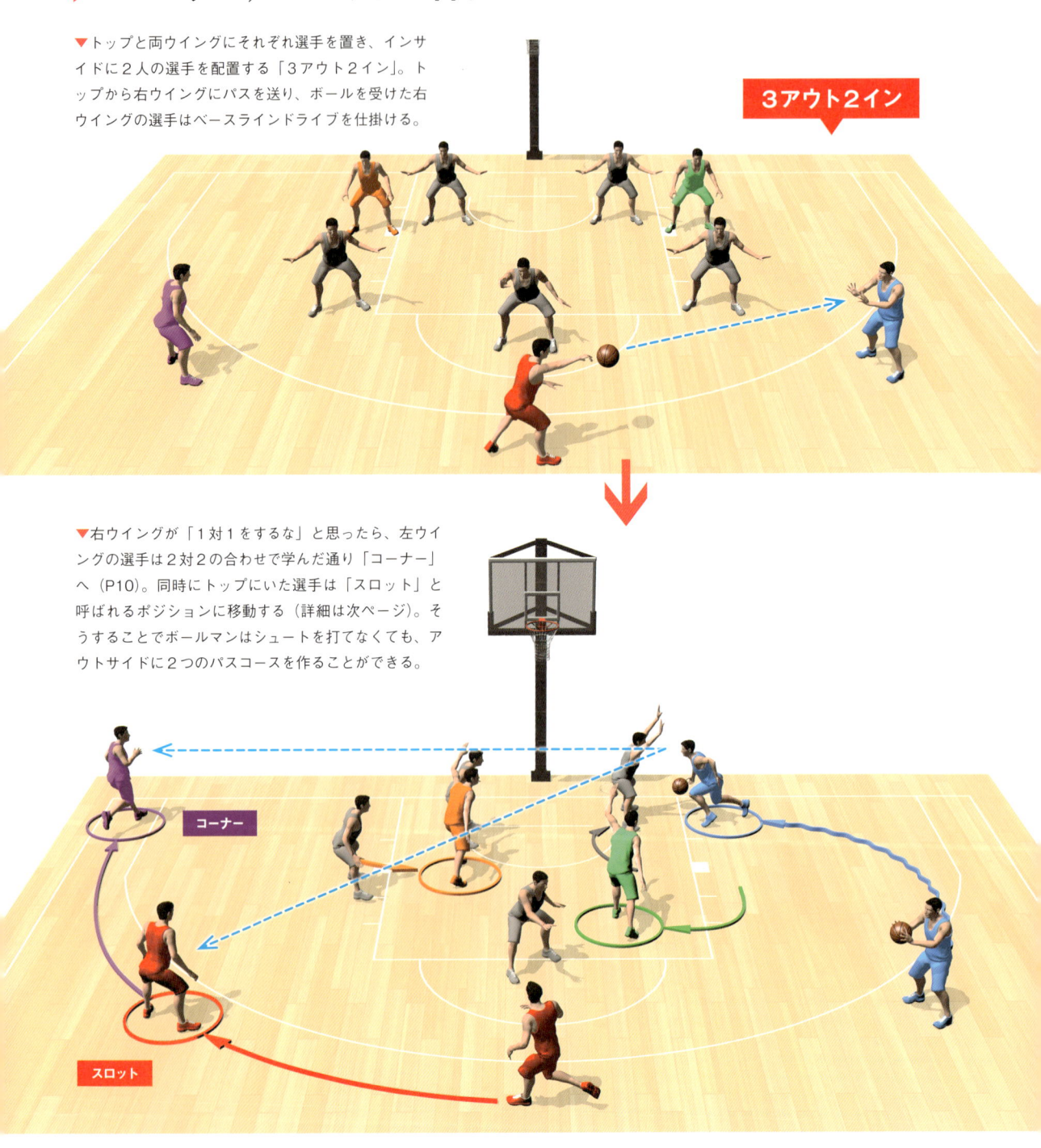

**3アウト2イン**

▼右ウイングが「1対1をするな」と思ったら、左ウイングの選手は2対2の合わせで学んだ通り「コーナー」へ（P10）。同時にトップにいた選手は「スロット」と呼ばれるポジションに移動する（詳細は次ページ）。そうすることでボールマンはシュートを打てなくても、アウトサイドに2つのパスコースを作ることができる。

コーナー

スロット

**❶ PG ❷ SG ❸ SF ❹ PF ❺ C**

# ▶ スロットの位置

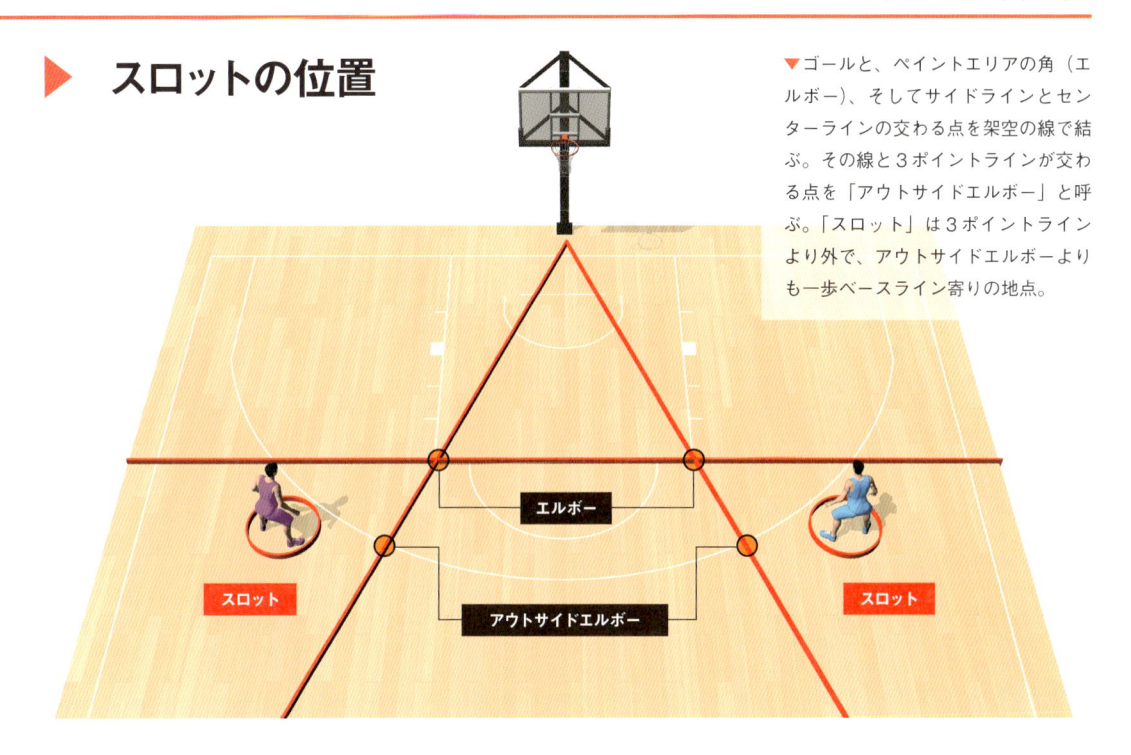

▼ゴールと、ペイントエリアの角（エルボー）、そしてサイドラインとセンターラインの交わる点を架空の線で結ぶ。その線と3ポイントラインが交わる点を「アウトサイドエルボー」と呼ぶ。「スロット」は3ポイントラインより外で、アウトサイドエルボーよりも一歩ベースライン寄りの地点。

エルボー

アウトサイドエルボー

スロット

スロット

## point of view
## ボールマンの視点

▼ベースラインドライブをした選手は、アウトサイドのコーナーとスロット、そして4対4の合わせで学んだインサイドの合わせ（P18）の4つのパスコースを確保できる。もちろんヘルプがこなければ自分でシュートを狙うことを忘れずに。

ヘルプディフェンスがこなければシュートを狙う

パスコース

パスコース

パスコース

パスコース

# ▶ 実戦では微調整が必要

▼「スロット」の位置は原則的にアウトサイドエルボーよりもベースライン寄りに入ったところだが、実戦ではインサイドプレーヤーもペイントエリア内に合わせてくる。2人が直線上に重ならないよう、スロットに移動するアウトサイドプレーヤーは位置を微調整する必要がある。

check ✓

この2人が直線上に重ならないようにする

「スロット」の位置を微調整

## point of view
### ボールマンの視点　　　　　　　　　　NG ✕

▶スロットに移動する選手が正しい位置に立っていても、ペイントエリア内で合わせる選手と重なってしまうと、ボールマンはパスを出せない。

2人が直線上に重なっている

ボールマンがパスを出せない

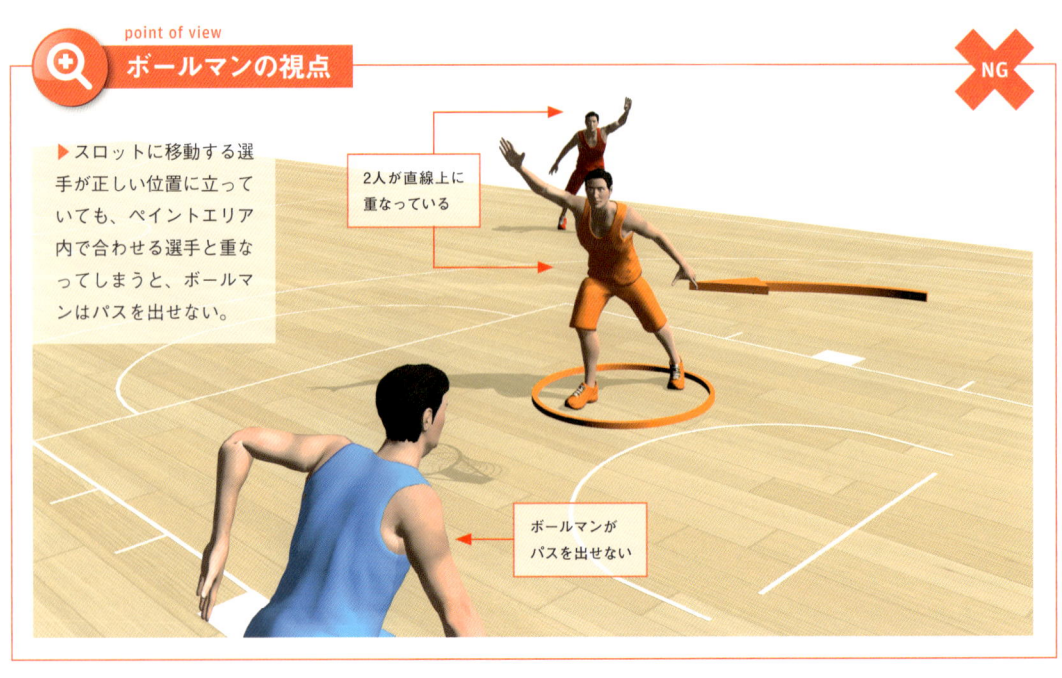

point of view
## ボールマンの視点

パスコース

パスコース

「スロット」の位置を微調整

パスコース

GOOD

▲アウトサイドで合わせる選手がペイントエリア内で合わせる選手と重ならないよう、位置を微調整することで、ボールマンはパスを出しやすくなる。

point of view
## スロットに移動した選手の視点

▶ボールマンと目線が合うような位置に合わせの動きを微調整することが大切。合わせでは「ここにいるべき」という基本的なポイントはあるが、実戦ではその位置を基準に若干の微調整が必要になってくる。「なんとなくそのあたり」はダメだが、意味のある微調整は必要。

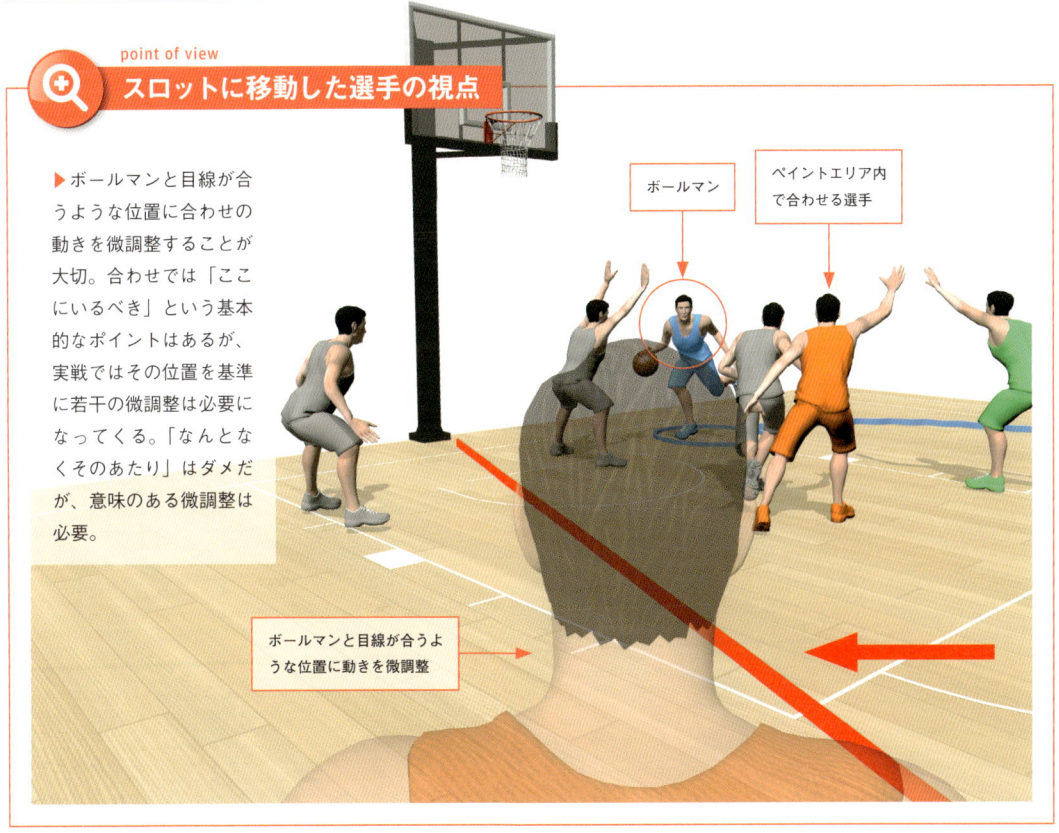

ボールマン

ペイントエリア内で合わせる選手

ボールマンと目線が合うような位置に動きを微調整

# ミドルラインドライブ
# に対しても同じ

▼ボールマンがミドルライン側へドライブをすると、トップのディフェンスがドライブへのヘルプに寄りやすくなる。このときもやはり2人のアウトサイドは「コーナー」と「スロット」に合わせて動く。

コーナー

スロット

トップのディフェンスがドライブへのヘルプに寄る

---

**NG**

# コーナーとスロットが
# 近すぎてはいけない

意味もなくコーナーに移動する選手がその手前で止まったり、スロットに移動する選手がコーナーの方向に近づきすぎると、1人のディフェンスで2人のオフェンスを守られてしまう。スペーシングの基本は「2人のオフェンスがディフェンス1人に守られない距離に立つこと」だ。

ディフェンス1人に
守られてしまう

▲1人のディフェンスに2人のオフェンスを
守られてしまうのはスペーシングとしてNG

コーナーとスロットの
選手の距離が近すぎる

▲コーナーとスロットの距離が
近すぎてはいけない

# ▶ 4アウト1イン

▼4人のアウトサイドプレーヤーと1人の
インサイドプレーヤーで組み立てる「4ア
ウト1イン」の場合でも、コーナー／スロ
ットなど基本的な合わせの動きは同じ。

▼ウイングが1対1（ドライブ）を仕掛けようとし
たら、ヘルプサイドのウイングはコーナーへ、ツ
ーガードポジションのヘルプサイド側の選手はスロッ
トへ。ヘルプサイドのインサイドプレーヤーはペイ
ントエリア中央にそれぞれ合わせる。ただしツーガ
ードポジションのボールサイド側の選手は「セーフ
ティマン」としてドライブをした選手が最初にいた
ポジションを埋めるように移動する。

ペイントエリア
中央に合わす

コーナー

スロット

ドライブをした選
手が最初にいたポ
ジションを埋める

point of view
ボールマンの視点

パスコース　パスコース　パスコース

◀ 正面のパスコースはコーナー、スロット、そしてペイントエリア内の3つがある。ディフェンスの動きをよく見てパスを出す。

セーフティマンとしてドライブをした選手が最初にいたポジションを埋めるように移動

セーフティマン

check
頭に入れておくこと

4アウトのときはツーガードポジションのボールサイド側にいた選手が「セーフティマン」として自分の後ろを埋めている。ドライブを止められ、パスコースもふさがれたときに、真後ろにボールを返す選択肢もあることを頭に入れておこう。

## Point ディフェンスの死角を狙う

ディフェンスの死角
（視野の届かないところ）

ディフェンスの死角を狙って動く

▲コーナーやスロット、ペイントエリア内で合わせる選手たちは、それぞれがマークされているディフェンスの死角（視野の届かないところ）を狙って動こう。それを嫌がってディフェンスがマークマンの動きに気を取られると、ドライブへのヘルプが遅れる。

ディフェンスの真後ろは特に死角

▶死角のなかでも特にディフェンスの真後ろは、首を大きく振らない限り見えない。ディフェンスが自分を完全に見ていないと思ったら、いきなりゴール下に飛び込むといった応用的な合わせをすることもできる。

いきなりゴール下に飛び込む

# 05 ポストプレーで攻撃する

▶ ゴールに近い位置から攻撃をして、ディフェンスを引きつける

　ゴールへのアタックは「ドライブ」だけではない。身長の高さや体の強さのある選手がいるチームではポストプレーでゴールに攻め込むこともでき、そこからのリアクトもある。

## ▶ ボールサイドの ポストプレーヤーが立つ 正しいポジション

キーレーン

ハッシュ

NG

▶ゴールを背にするポストプレーを始めるときは、キーレーン上にある「ハッシュ」を両足で挟むようにして立つ。そうすればボールを受けたとき、左右のどちらからでも攻めることができる。それよりもベースライン寄りに立つと、ベースライン側の攻めるスペースがなくなってしまう。

◀ベースライン側の攻めるスペースがない

## ▶ ヘルプサイドの ポストプレーヤーが立つ 正しいポジション

キーレーン

ベースライン

デッドロー

▶ヘルプサイド（ボールがあるサイドとは逆のサイド）にいるポストプレーヤーは「デッドロー」に立つ。「デッドロー」とはキーレーンとベースラインが交わるあたり。そこでボールを受けてもシュートは打ちにくいが、ディフェンスもそのラインまで下がるために、守りにくくなる。

# ▶ デッドローに立つ理由

▼ヘルプサイドのポストプレーヤーが、ボールサイドのポストプレーヤーと同じ高さでポジションを取ると、ヘルプサイドのディフェンスは2人を見やすい位置で守ることができる。

ディフェンスは2人の
ポストプレーヤーを見やすい

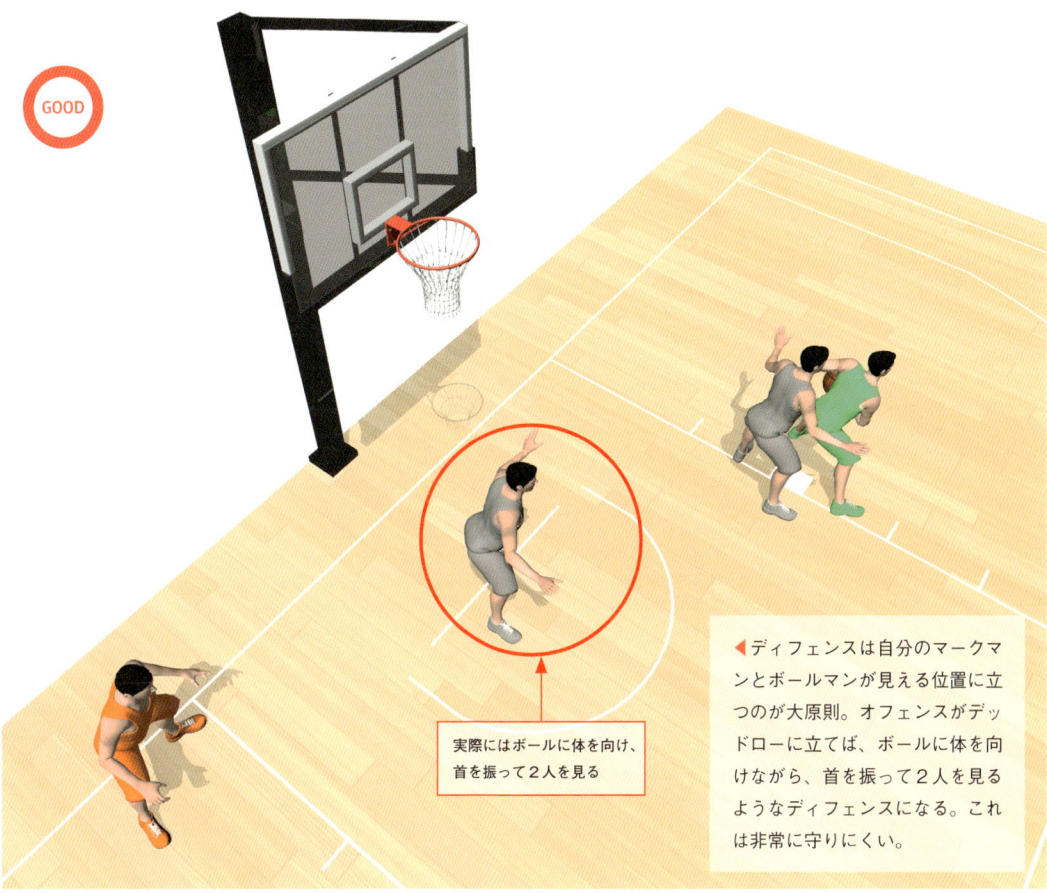

実際にはボールに体を向け、
首を振って2人を見る

◀ディフェンスは自分のマークマンとボールマンが見える位置に立つのが大原則。オフェンスがデッドローに立てば、ボールに体を向けながら、首を振って2人を見るようなディフェンスになる。これは非常に守りにくい。

## デッドローからの視点

ボールサイドの
ボールマン

ディフェンスは視野
の確保が難しい

▼デッドローにいる選手を
守っているディフェンスは、
ボールサイドのボールマン
（ポストプレーヤー）を見
ながらも、ほぼ真後ろにい
るオフェンスも気にかけな
ければいけないので、視野
の確保が難しい。

デッドローに
いる選手

ベースライン側
から攻撃

ディフェンスは
ヘルプに向かう

デッドロー

ペイントエリア内に飛
び込んで、合わせる

◀ボールマンがベースライ
ン側から攻撃すれば、ディ
フェンスはヘルプに向かう。
その瞬間、デッドローから
ペイントエリア内に飛び込
んで、合わせる。

point of view

## ボールマン(ポストプレーヤー)の視点
## ベースラインアタック

デッドロー

ディフェンスが動いた瞬間、デッドローからペイントエリア内に飛び込む

パスコース

ディフェンスはヘルプに向かう

ベースラインアタック

▲ベースライン側から攻撃し（ベースラインアタック）、デッドローの選手を守っていたディフェンスがヘルプにきたら、デッドローから合わせてきたポストプレーヤーにパスを出すことができる。

## さらに視界を広げると

パスコース

パスコース

パスコース

▲アウトサイドの合わせはコーナーとスロットなので、アウトサイドのディフェンスの動きによっては（たとえばデッドローからの合わせを守りにきたら）、コーナーかスロットにパスを出すこともできる。

# ポストプレーヤーの攻撃から合わせる

## ● ミドルラインアタック

▼ポストプレーヤーがミドルライン側から攻撃をしたら、デッドローにいた選手はベースライン沿いに動いて合わせる。このときヘルプサイドのアウトサイドプレーヤーはそれぞれコーナーとスロットへ。ボールサイドのウイングは自分のディフェンスの動きを見て、そこから離れるような動きをする。

ベースラインカット

point of view
### ボールマンの視点

パスコース

パスコース

パスコース

▶ヘルプサイドのディフェンスの動きを見ながら、コーナー、スロット、ベースライン沿いを移動する選手がフリーになっていれば、パスを出す。合わせの動きではディフェンスとの駆け引きが重要になり、正しい状況判断力が求められる。

**ボールマンが方向転換をしたら**

▼ポストアタックではミドルラインアタックから逆方向に方向転換することもある。そのときベースライン沿いをカットしようとしていたヘルプサイドのポストプレーヤーも方向転換をして、ミドルライン側に上がるような動きに素早く切り替える。

逆方向に方向転換

NG

▼そのままベースラインカットをしてしまうと、方向転換をしたボールマンとの距離が狭くなって、ボールマンが攻めることができないし、合わせの動きもできなくなる。

距離が狭く攻められない

ベースラインカット

# 第2章
# ピック&ロールの導入

ボールマンのディフェンスに対してスクリーンをかけ（ピック）、
ボールマンがそれを利用して攻撃のチャンスを作る。
スクリーンをかけた選手も反転して（ロール）、
瞬間的に2対1の状況を作り出す「ピック&ロール」。
世界的にも現代バスケットの主流になっている
「ピック&ロール」の導入を紹介する。

# 06

# ピック&ロールに対する主な5つの守り方

▶ 守り方を知ることが攻略の第一歩

本書最大のテーマである「ピック＆ロール」だが、現代バスケットでは大きく分けて5つの守り方がある。

- コンテイン
- スイッチ
- ハードショー
- アイス
- ダブルチーム

ここでは5つのうち、マークする選手を交換する「スイッチ」と、ボールマンを2人がかりで守る「ダブルチーム」以外の、3つの守り方を紹介する。守り方の特徴を知っておくことは、それらを攻略するための第一歩となる。

## ▶ コンテイン

▶スクリーナーのディフェンスがゴール方向に下がって、ユーザー（ボールマン）にドライブからの簡単なレイアップシュートを打たせない守り方。ロールして飛び込んでくるビッグマンへの対応もしやすい。スクリーナーのディフェンスが大きいときに有効。

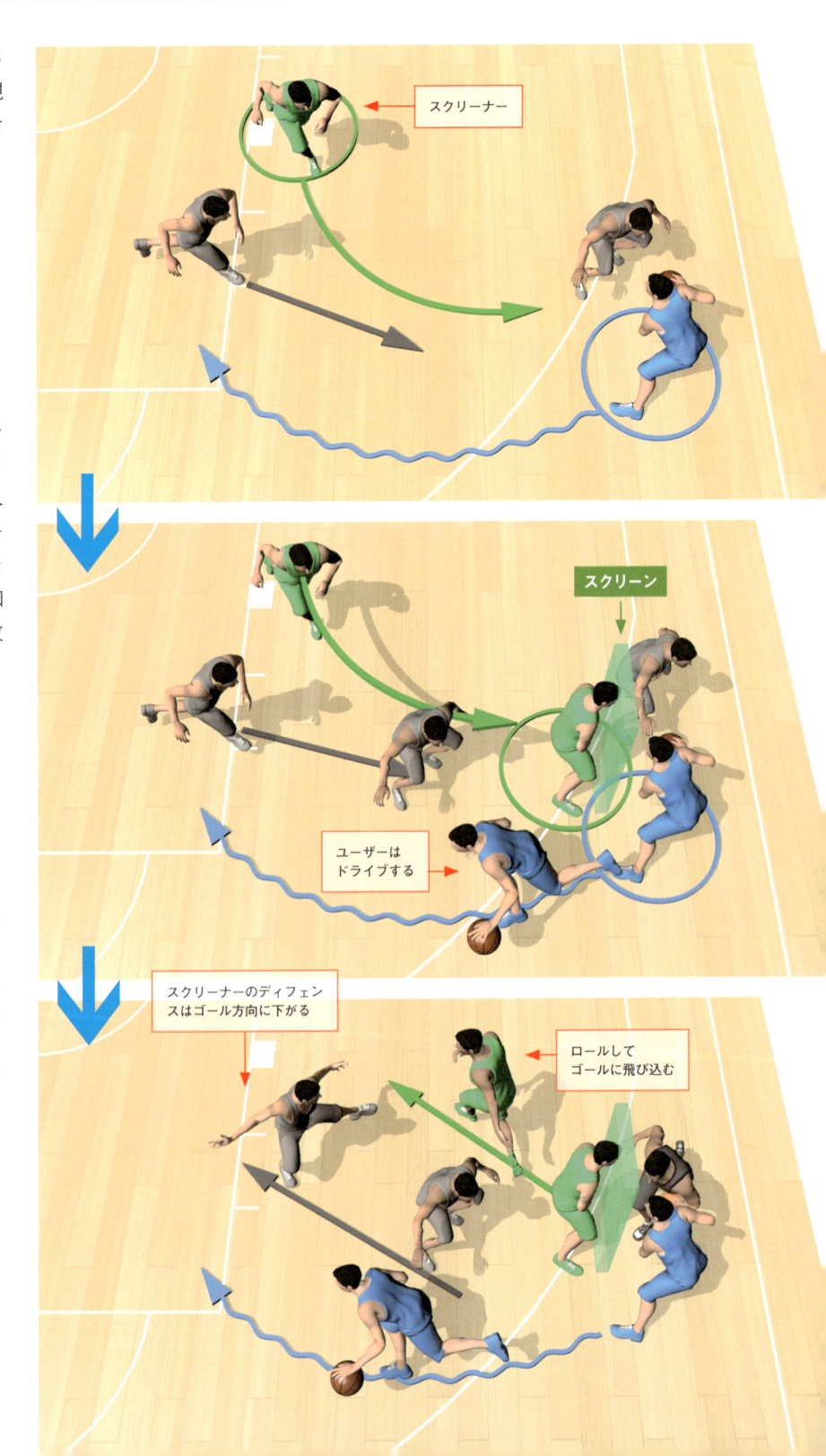

スクリーナー

スクリーン

ユーザーはドライブする

スクリーナーのディフェンスはゴール方向に下がる

ロールしてゴールに飛び込む

## ▶ ハードショー

▶スクリーナーのディフェンスが、ユーザーの進みたいコースに素早く飛び出すことで、ユーザーをゴールへ向かわせない守り方。チームとして攻撃側の時間を稼いでいるあいだに、スクリーナーのディフェンスは自分のマークマンに戻る。ディフェンスの機動力があるチームに有効。

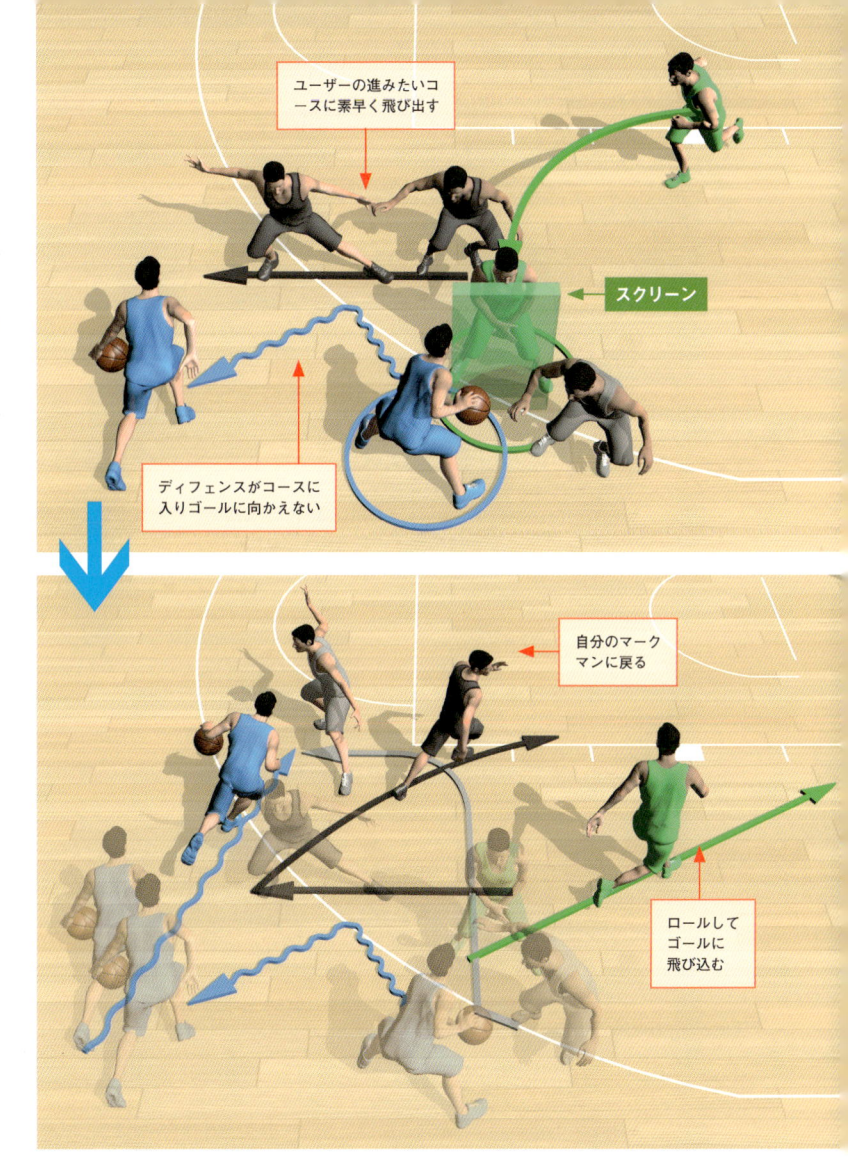

ユーザーの進みたいコースに素早く飛び出す

スクリーン

ディフェンスがコースに入りゴールに向かえない

自分のマークマンに戻る

ロールしてゴールに飛び込む

## ▶ アイス

▶ユーザーのディフェンスが、スクリーナーがくる前に、完全な方向づけ（ディレクション）を行うディフェンス。ユーザーの進む方向を完全に決めさせる＝凍りつかせるという意味で「アイス」と呼ぶ。スクリーナーのディフェンスは「コンテイン」と同じ。

ディフェンスが完全な方向づけを行う

ユーザーの進む方向が完全に決まる

# 07

# スクリーンを行う3つのポイント

## ▶ コート上のどこでピック＆ロールをするかで攻め方は異なる

ハーフコートオフェンスでは「ピック＆ロール」を行うべき3つのポイント（位置）がある。それぞれのポイントでそれぞれ異なる攻め方があり、またディフェンスの守り方によっても攻め方は異なってくる。世界では「トップ」と「サイド」の2つの分け方が主流だが、緻密なプレーを得意とする日本人にはより細分化した3つ目のポイント「エルボー」を用意した。本書では「3つのポイント」×「3つの守り方に対する攻め方」を紹介していく。

## ▶ サイド

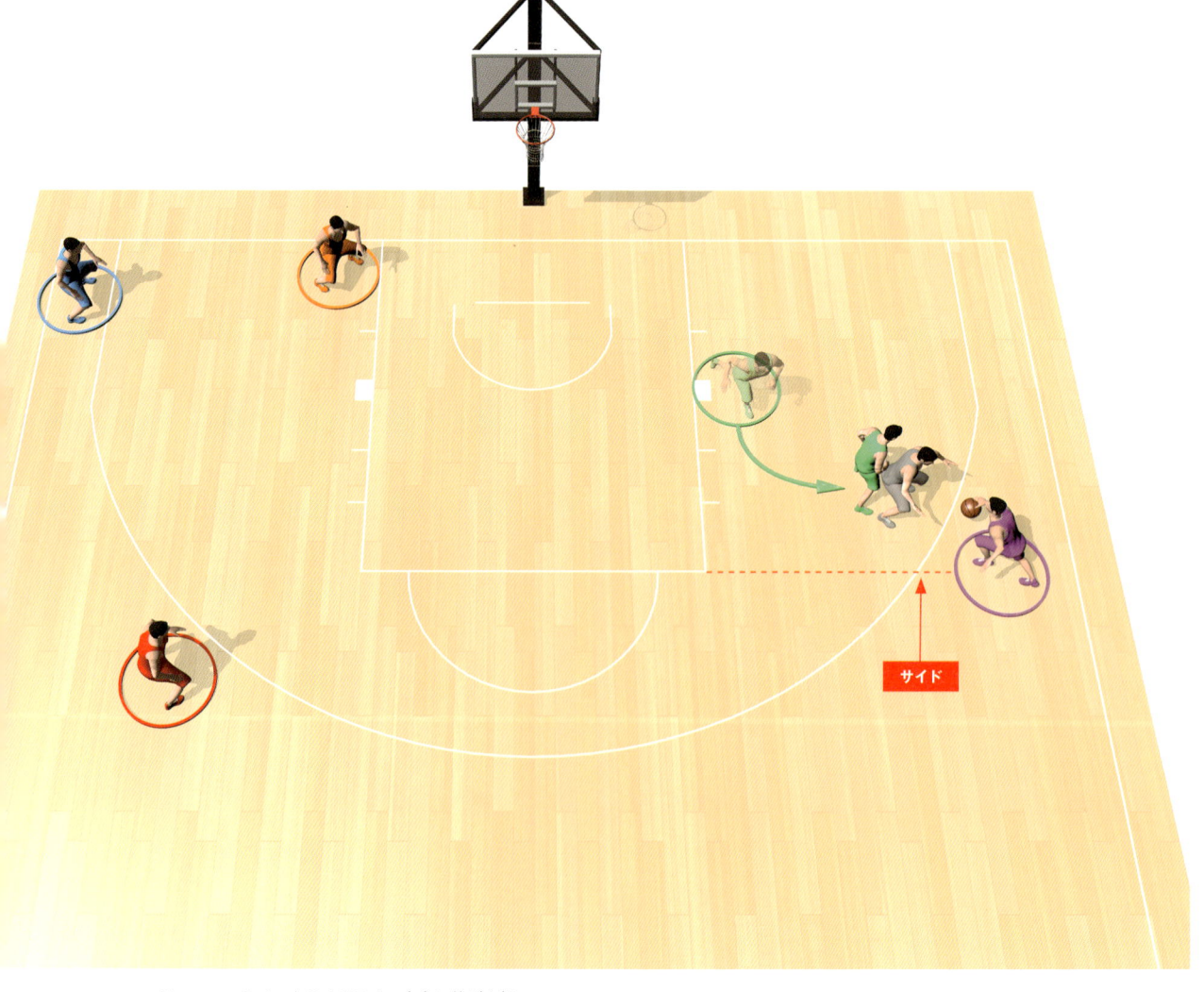

サイド

▲フリースローラインをサイドライン方向に伸ばす架空の線と、3ポイントラインが交わるポイントを「サイド」と呼ぶ。「ピック＆ロール」の基本的なポイント。

# ▶ エルボー

▼ゴールと、制限区域の角（エルボー）、そしてサイドラインとセンターラインが交わる点を結ぶ架空の線が、３ポイントラインと交わるポイントを「エルボー」と呼ぶ。正確には「アウトサイドエルボー」だが、「ピック＆ロール」ではそれを「エルボー」と略す。

# ▶ トップ

▼ゴール正面の、３ポイントラインを一歩出たポイントを「トップ」と呼ぶ。トップでの「ピック＆ロール」は、スクリーナーの立ち位置により、左右どちらからでも攻めやすいという利点がある。

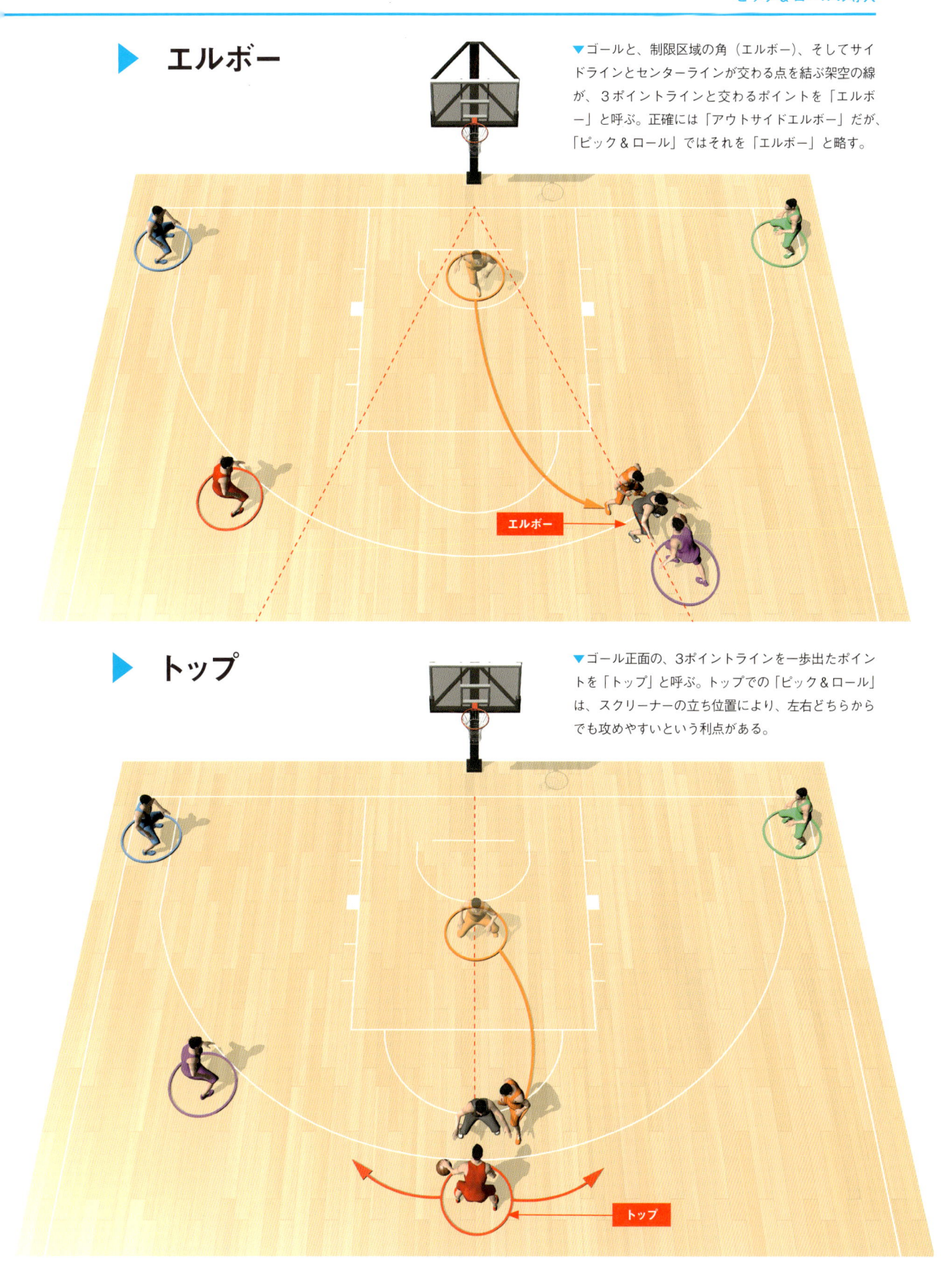

エルボー

トップ

# 08 正しいスクリーン（ピック）とロールの基本

▶ スクリーンを正しくかけて、チャンスを生み出す

▶ 対 コンテイン

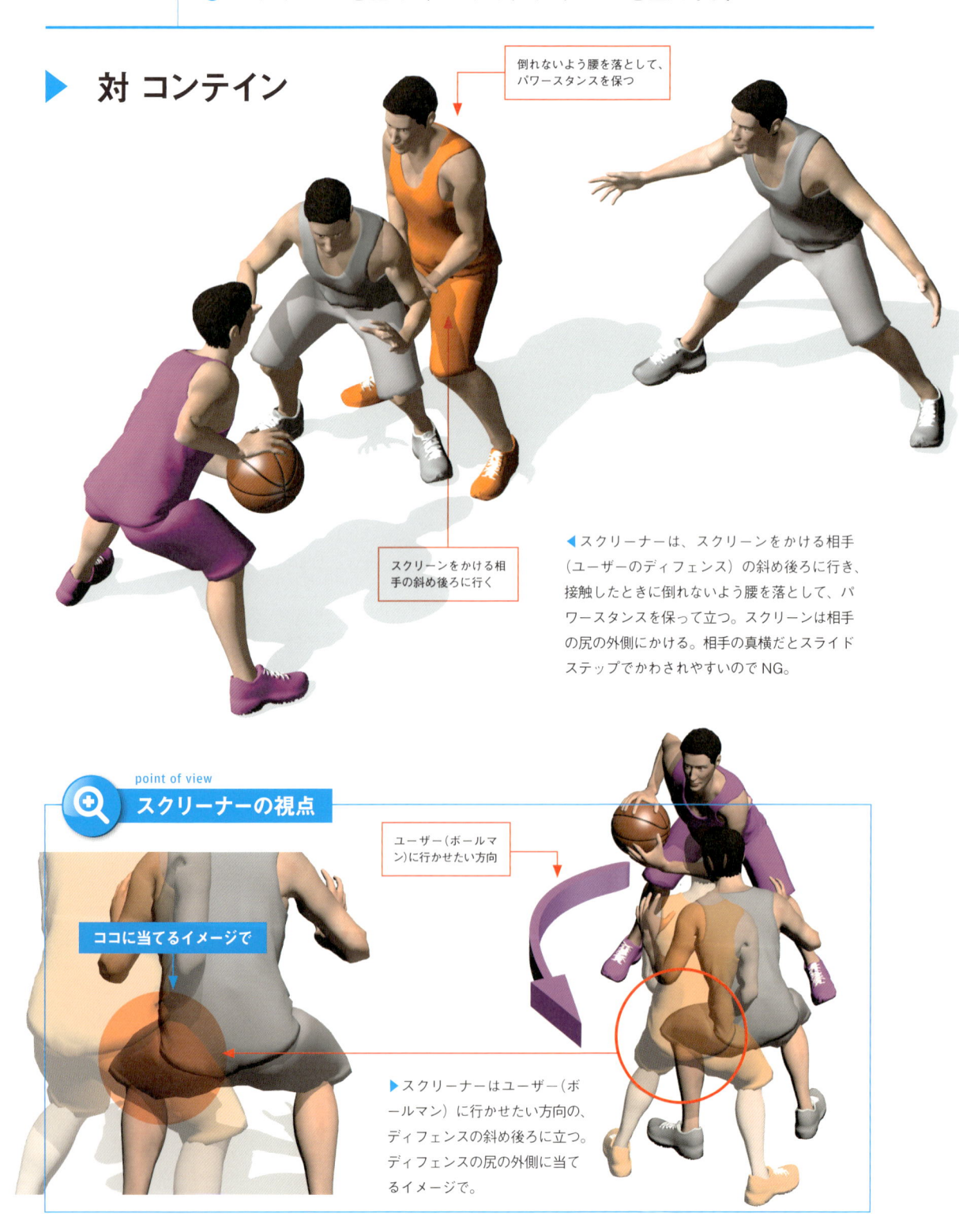

倒れないよう腰を落として、パワースタンスを保つ

スクリーンをかける相手の斜め後ろに行く

◀ スクリーナーは、スクリーンをかける相手（ユーザーのディフェンス）の斜め後ろに行き、接触したときに倒れないよう腰を落として、パワースタンスを保って立つ。スクリーンは相手の尻の外側にかける。相手の真横だとスライドステップでかわされやすいので NG。

point of view
**スクリーナーの視点**

ココに当てるイメージで

ユーザー（ボールマン）に行かせたい方向

▶ スクリーナーはユーザー（ボールマン）に行かせたい方向の、ディフェンスの斜め後ろに立つ。ディフェンスの尻の外側に当てるイメージで。

# ▶ 対 ハードショー

▼スクリーナーは、スクリーンをかける相手（ユーザーのディフェンス）の真横に立つ。そうすることで自分のディフェンスがハードショーに出た瞬間、ゴールに向かってダイブしやすくなる。

ディフェンスがハードショーに出た瞬間、ゴールに向かってダイブする

スクリーナーのディフェンスはハードショーに出る

スクリーンをかける相手の真横に立つ

point of view
## スクリーナーの視点

ココに当てるイメージで

▶事前のスカウティングでディフェンスがハードショーをしてくるチームだとわかっていたら、スクリーナーはユーザーのディフェンスの真横に立つ。ディフェンスの側面に当てて、ロールをしやすい状況を作る。

# ロールしたらバナナカット

ボールマンとの距離を広くすることができ、ディフェンスを守りにくくさせる

少し膨らみながら駆け込む

スクリーン

▲スクリーナーが反転（ロール）して、ゴールに向かって駆け込むことを「ダイブ」と呼ぶ。ダイブは直線的にゴールに向かうのではなく、「バナナカット」と呼ばれる、少し膨らみながら駆け込む動きで行う。少し膨らむことでボールマンとの距離を広くすることができ、ディフェンスを守りにくくさせる。ボールマンとの距離が狭いとディフェンスに守られやすくなる。

## ▶ ロールはフロントターンがベター

スクリーナー

体の前側に回る

◀スクリーナーは体の前側に回る「フロントターン」で反転（ロール）して、ダイブをすると素早く動くことができる。

## リバースターンの盲点

▶背中側から回る「リバースターン」でロールをすると、ボールマンの動きから目を離さないまま反転できるといったメリットがある。しかし動きが遅くなりやすく、またボールマンとの距離も狭くなるので、ボールマンとのタイミングと距離を重要視する「ピック＆ロール」ではやや不向き。ただしその後のプレーの選択によっては（ピック＆ポップなど）リバースターンのほうがよいときもあるので、どちらも練習しておく必要がある。

背中側から回る

ボールマンの動きから目を離さないまま反転できる

# ▶ ダイブのタイミング

**2対1の状況**

◀スクリーナーがロールして、ゴールに向かってダイブをするときに重要なのがタイミングだ。ユーザー（ボールマン）とダイブしたスクリーナーで必ず2対1の状況になるように動き出す。

**GOOD**

スクリーナーがその場に止まってダイブをしない

1対1になる

**NG**

## 止まる(遅い)

▶スクリーナーがその場に止まってダイブをしなければ、ボールマンとディフェンスとの1対1になって（結果的にスイッチの状況になる）、チームとしてのチャンスを生み出せなくなる。

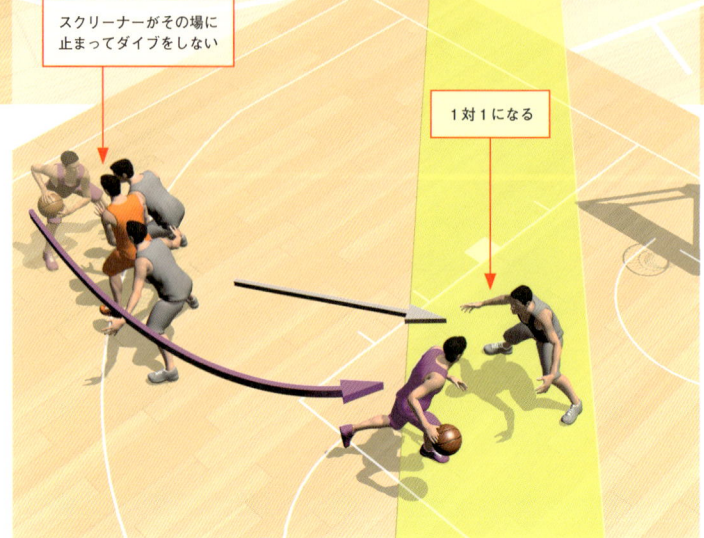

スクリーナーはスクリーンをかけることなく、ゴールに向かってダイブする

ダイブしたスクリーナーにパスを出す

## ▶ ハードショーに対するポイント
# スリップを使う

### 「スリップ」とは

▶スクリーナーのディフェンスがハードショーをしようと、まだユーザー（ボールマン）が動き出さないうちにそのコースに立とうとしていたら、スクリーナーはスクリーンをかけることなく、ゴールに向かってダイブする。この動きを「スリップ」と呼び、ボールマンはスクリーンを使わずに、ダイブしたスクリーナーにパスを出す。

### point of view
## スクリーナーの視点 ① 間接視野

ハードショーを行うチームに対して、スクリーナーはユーザーのディフェンスの真横に立つのが基本。このときスクリーナーは「間接視野」のなかに必ずゴールを入れておく。

# ▶ ハードショーに対するポイント　スリップを使う（つづき）

## 🔍 point of view　スクリーナーの視点 ② 判断

### スリップ

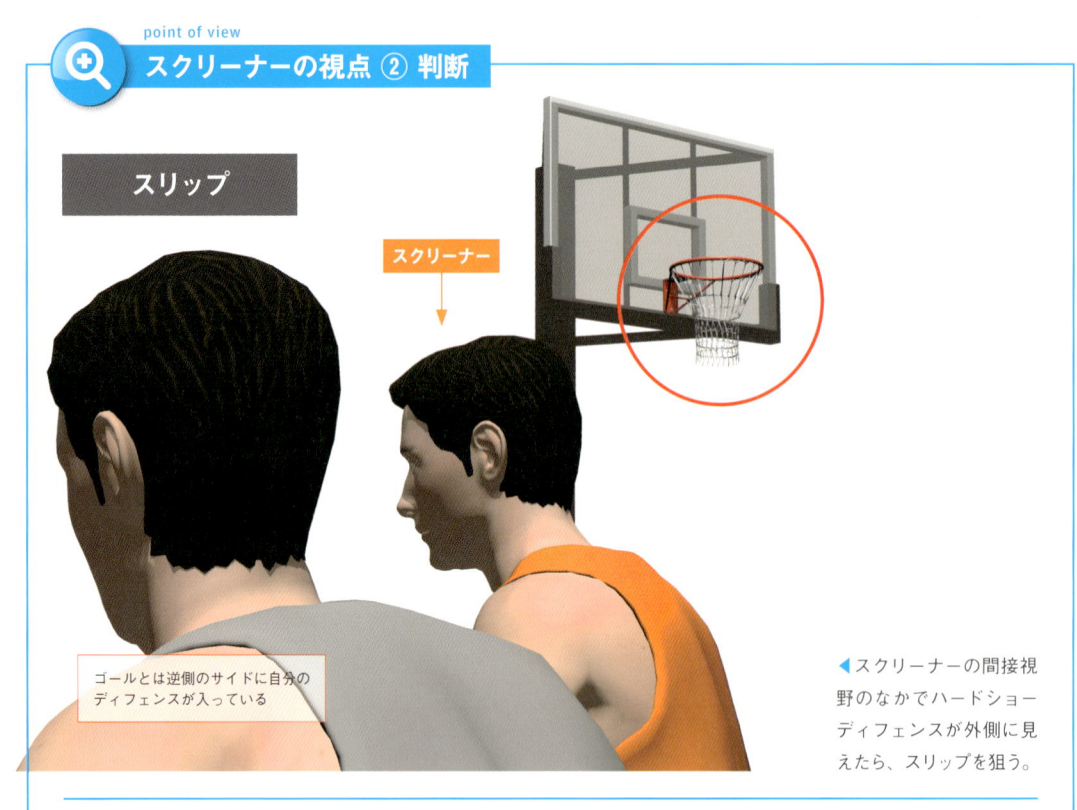

スクリーナー

ゴールとは逆側のサイドに自分の
ディフェンスが入っている

◀スクリーナーの間接視
野のなかでハードショー
ディフェンスが外側に見
えたら、スリップを狙う。

### ピック＆ロール

スクリーナー

◀スクリーナーの間接視野のなかでゴールの内側に
自分のディフェンスが入っていたら、ピック＆ロ
ールを行う。スクリーナーに限らないことだが、バ
スケットでは一点だけを見る「直接視野」だけでな
く、視界の端でなんとなくボンヤリと見えるという
意味の「間接視野」が非常に重要になってくる。ス
クリーナーはスクリーンをかけたいディフェンスだ
けをジッと見るのではなく、周りの状況もボンヤリ
と見て、次の動きを判断する。

ゴールと同じサイドに自分の
ディフェンスが入っている

# 09 リジェクト（スクリーンの逆を突く）

▶ スクリーンを使わずに2対1を作る

スクリーナーとは
逆の方向にドライブを仕掛ける

スクリーンプレーにおいて、実はとても大切なのがスクリーナーとは逆の方向にドライブを仕掛けることである。これを「リジェクト」と呼ぶ。ディフェンスはスクリーンプレーへの対応を準備しているので抜きやすくなる。スクリーナーのディフェンスがヘルプにくれば、スクリーンを使わずに「2対1」を作ることができる。

point of view
ボールマンの視点

▶スクリーンプレーが行われそうになったら、スクリーナーのディフェンスがそれを知らせることがディフェンスの原則。その声を聞いたボールマンのディフェンスはスクリーナーのほうに気を取られることがある。また次の動きの準備をしようと重心を移動させたりもする。そのときボールマンはスクリーンとは逆方向にドライブをする。

ディフェンスの動きを見て
逆の方向にドライブを仕掛ける

スクリーン！

# ▶ リジェクトに対するヘルプサイドの ビッグマンの合わせ方

▼ボールマンのリジェクト（ここではベースライン方向へのドライブ）に対して、ヘルプサイドのデッドローにいたビッグマンはペイントエリアの中央部分に向かって動く。

パスコース

ペイントエリアの中央部分に向かって動く

### point of view
## ヘルプサイドのビッグマンの視点

▶リジェクトに対して自分のディフェンスがヘルプに寄ったら、素早くペイントエリア内の中央部分へと合わせる。

リジェクトのヘルプに動く

## ●ボールマンがロールしたスクリーナーにパスをしたら

▶リジェクトしたボールマンから、ロールしたスクリーナー（実際にはスクリーンをかけていない）にパスが出された瞬間、ペイントエリア内で合わせようとしていたヘルプサイドのビッグマンは素早く方向転換をして、ベースライン側で合わせる。

### ヘルプサイドのビッグマンの視点

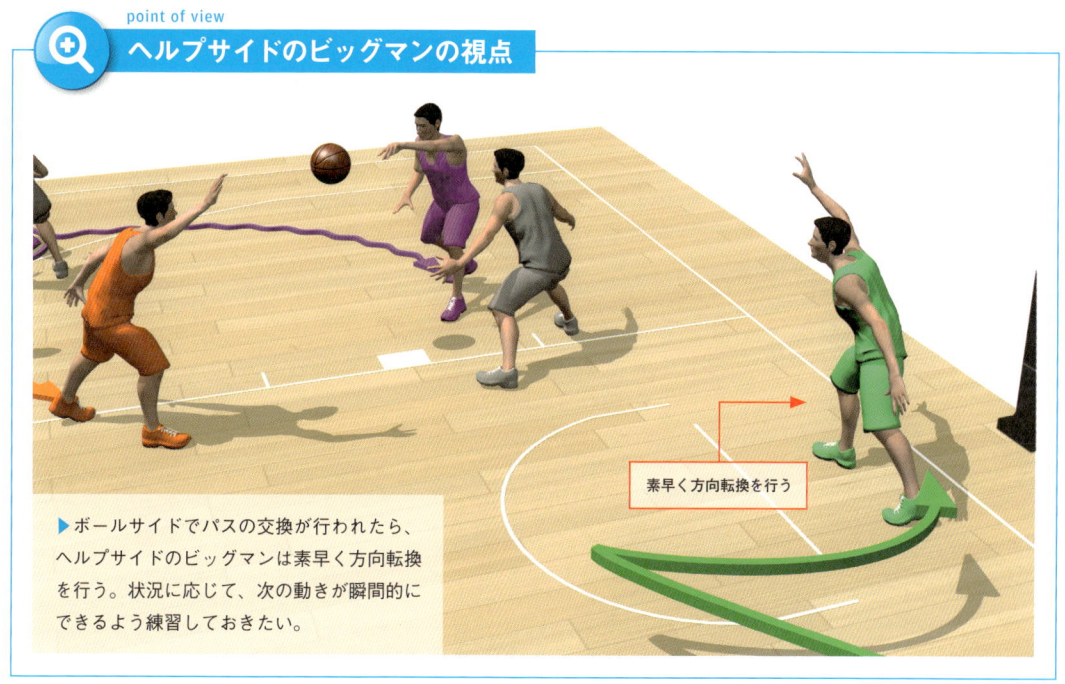

素早く方向転換を行う

▶ボールサイドでパスの交換が行われたら、ヘルプサイドのビッグマンは素早く方向転換を行う。状況に応じて、次の動きが瞬間的にできるよう練習しておきたい。

# 10 ウイングのボールミート

▶ ボールを受けるときの足で次の動きが変わる

右図のようにトップからボールを受けるとき、トップに近い足（外足）が一歩目（軸足）になるようなボールミートをする。もう一方の足でジャブステップを踏む。ディフェンスがボールマンのジャブステップに対応しながら、逆方向からスクリーナーがくるのを察知してスクリーナー側に重心を移動させた瞬間、ボールマンはリジェクトで抜いていく。

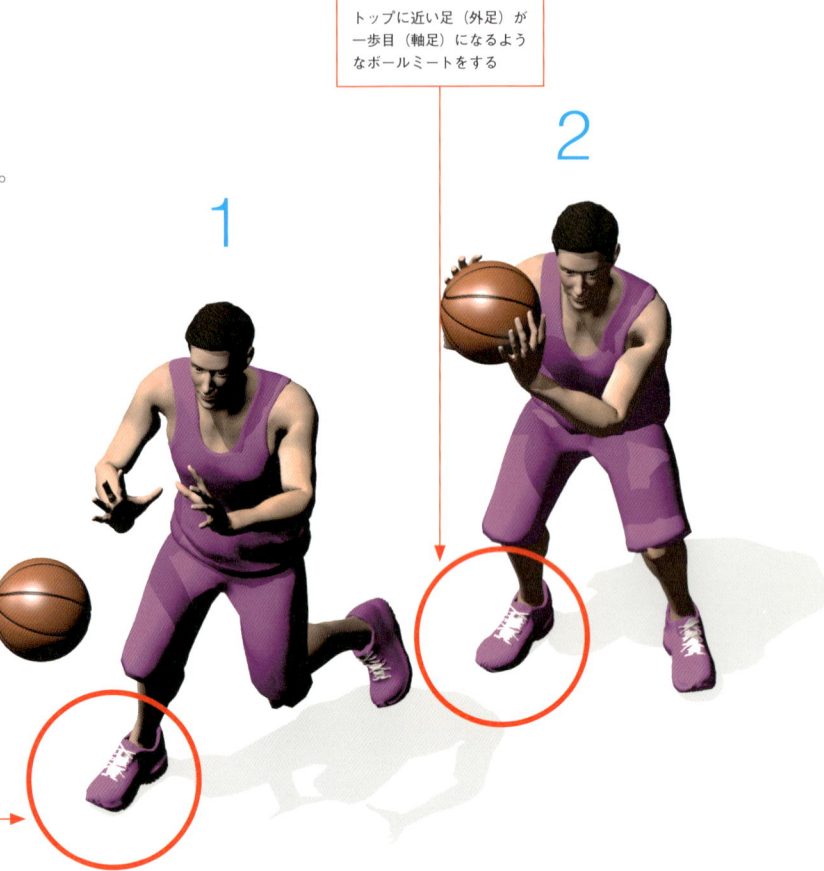

トップに近い足（外足）が一歩目（軸足）になるようなボールミートをする

1

2

トップに近い足（外足）

**NG**

△

▶ ボールを体の正面で持つことは NG。ディフェンスが手を伸ばしてきて、ボールを叩き落とされたり、上方向にティップされたりしてしまうからだ。

▶ よくある姿勢として、ボールを股の下に置いて、ボールマン自身も低くなる姿勢がある。この姿勢ではボールを取られることはないし、重心も低いのでドライブの一歩目を速くすることはできるが、周りのアクションに対して素早くパスを出すことができない。

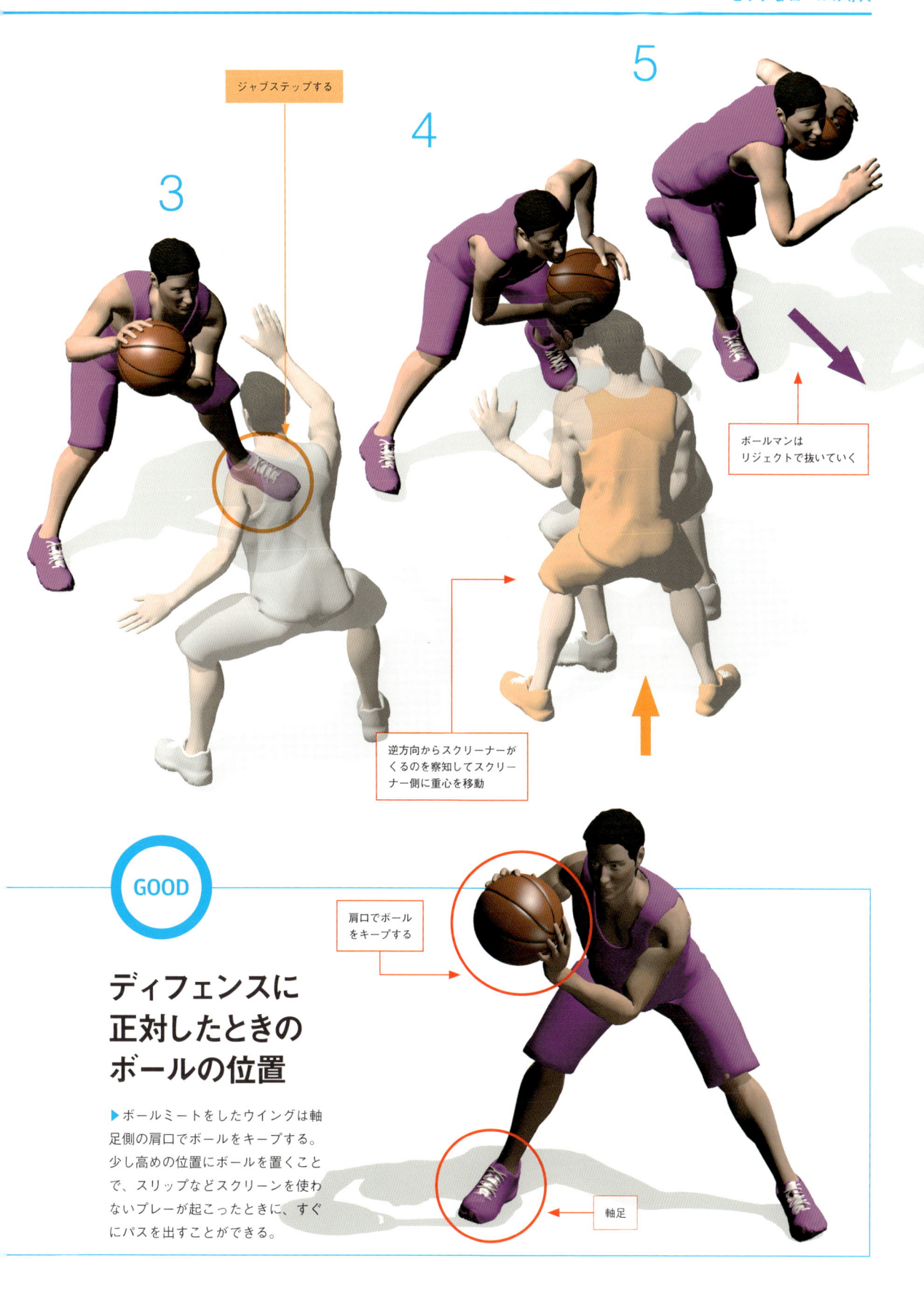

**3**

ジャブステップする

**4**

逆方向からスクリーナーがくるのを察知してスクリーナー側に重心を移動

**5**

ボールマンはリジェクトで抜いていく

**GOOD**

## ディフェンスに正対したときのボールの位置

▶ボールミートをしたウイングは軸足側の肩口でボールをキープする。少し高めの位置にボールを置くことで、スリップなどスクリーンを使わないプレーが起こったときに、すぐにパスを出すことができる。

肩口でボールをキープする

軸足

## ▶ ドライブのときはボールも動かす（スイング）

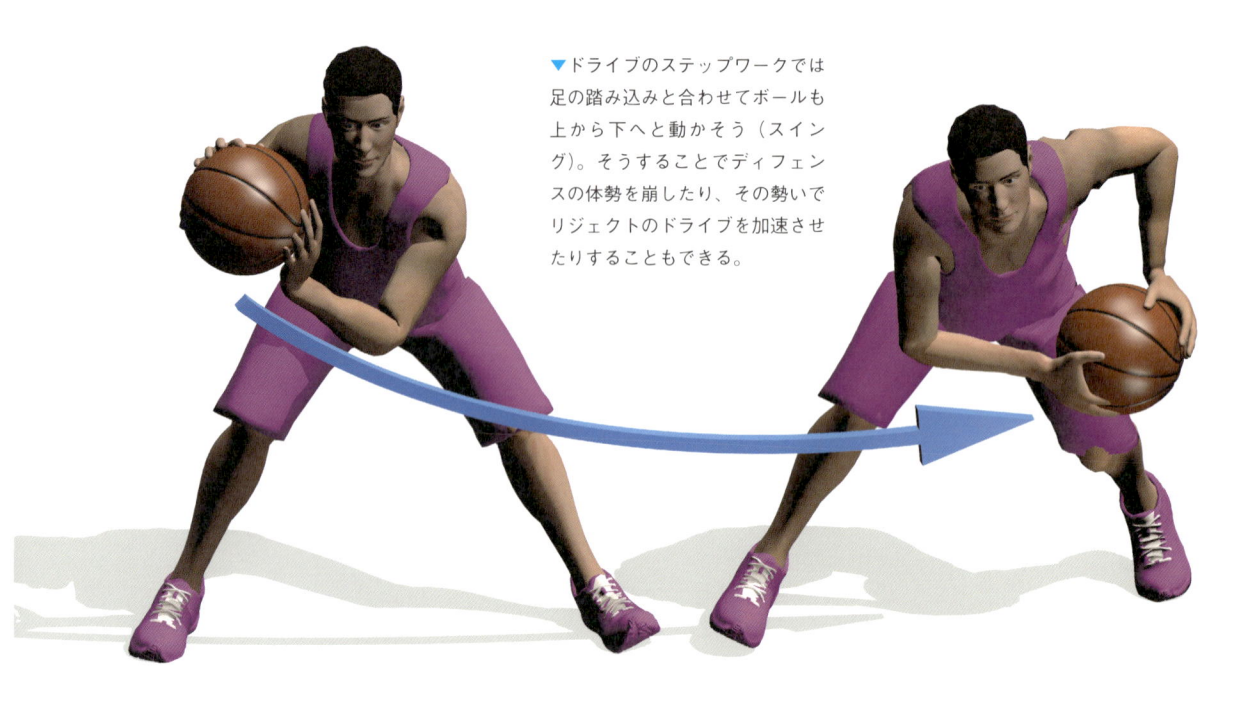

▼ドライブのステップワークでは足の踏み込みと合わせてボールも上から下へと動かそう（スイング）。そうすることでディフェンスの体勢を崩したり、その勢いでリジェクトのドライブを加速させたりすることもできる。

## ▶ スイングをフェイントに使う

▼スイングを行うと、それにディフェンスが反応することがある。ディフェンスの体勢が崩れたところに逆サイドからスクリーンをかけると、ディフェンスの対応が遅れてスクリーンにかかりやすくなる。

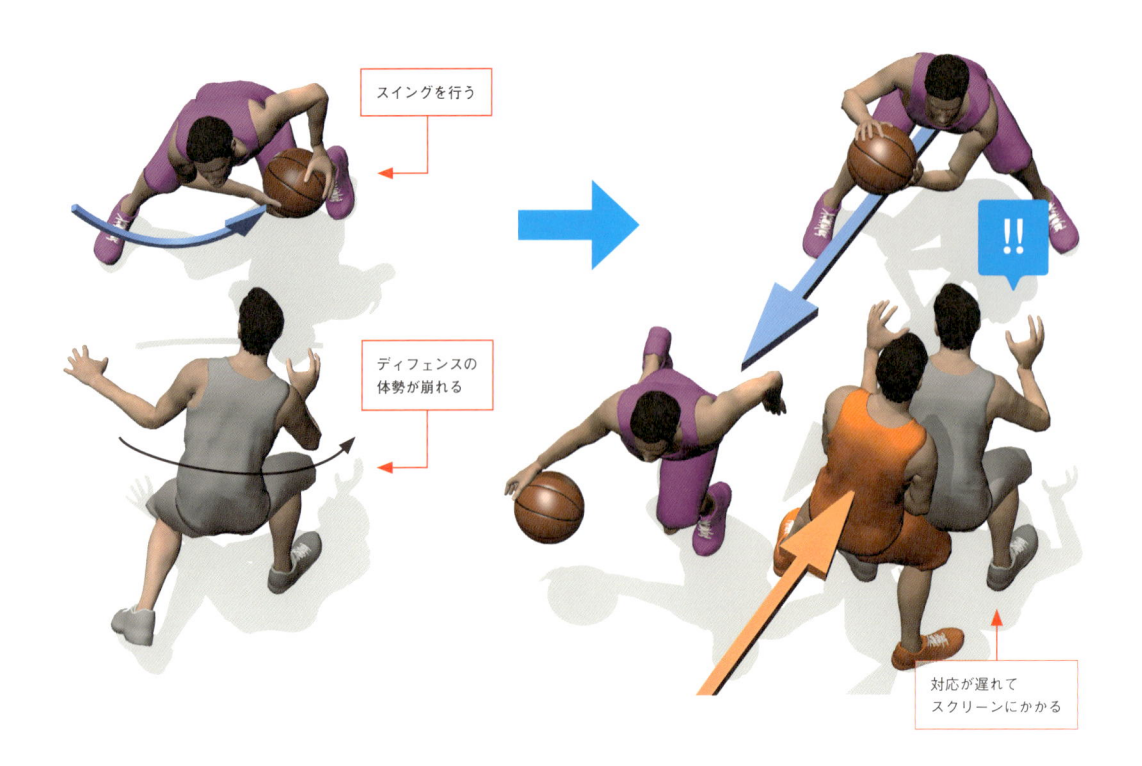

スイングを行う

ディフェンスの体勢が崩れる

!!

対応が遅れてスクリーンにかかる

# ▶ 外足でボールミートをする、もうひとつのメリット

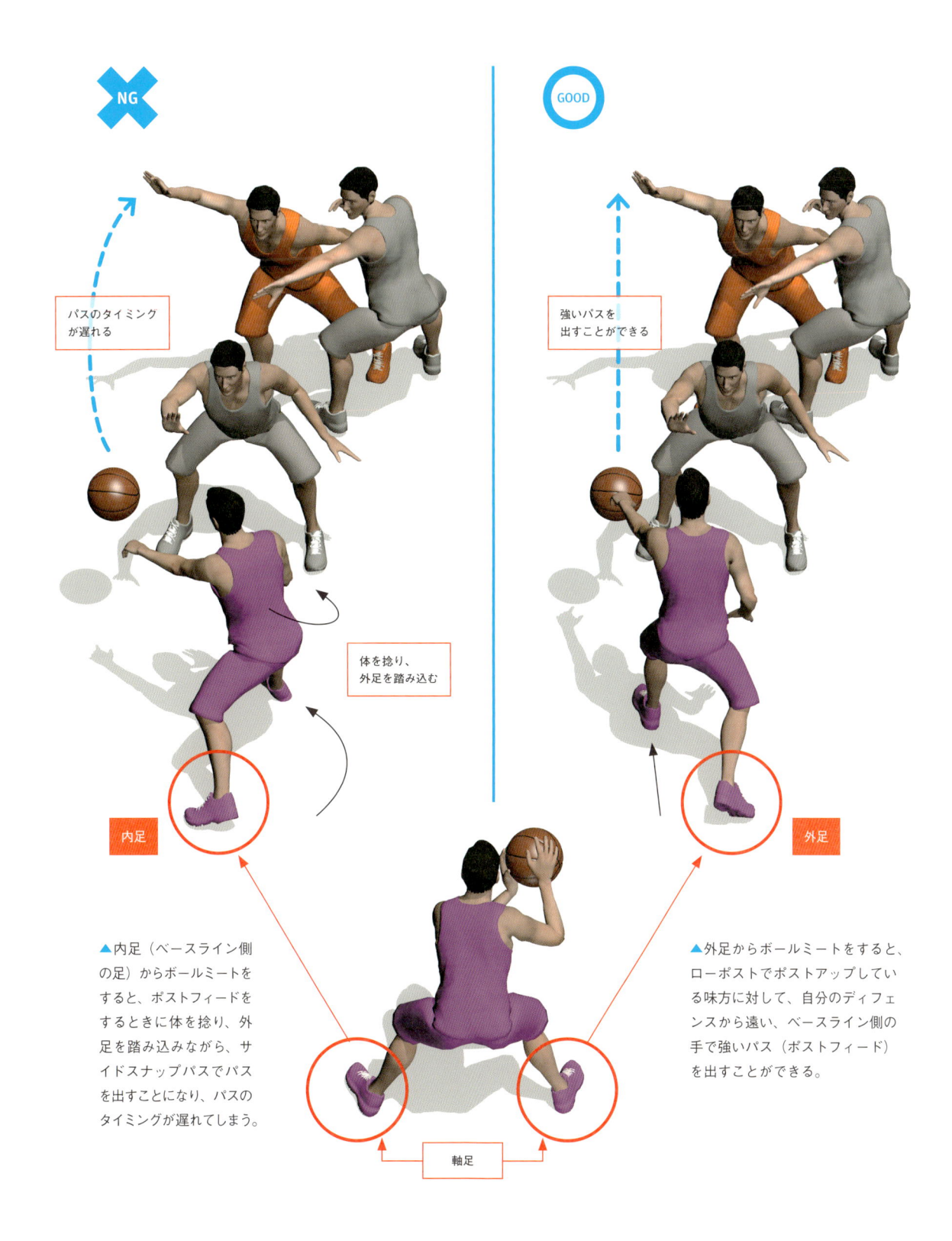

**NG**

パスのタイミングが遅れる

体を捻り、
外足を踏み込む

内足

**GOOD**

強いパスを
出すことができる

外足

軸足

▲内足（ベースライン側
の足）からボールミートを
すると、ポストフィードを
するときに体を捻り、外
足を踏み込みながら、サ
イドスナップパスでパス
を出すことになり、パスの
タイミングが遅れてしまう。

▲外足からボールミートをすると、
ローポストでポストアップしてい
る味方に対して、自分のディフェ
ンスから遠い、ベースライン側の
手で強いパス（ポストフィード）
を出すことができる。

# 第3章

# ピック＆ロール（サイド）

ピック&ロールのなかでも最も基本的と言っていい
「サイド」で行うピック&ロール。
相手チームの守り方に対する基本的な攻め方や、
それを行うために身につけておきたいスキル、
ユーザー（ボールマン）や
ロールしたスクリーナーの視点などを紹介する。

# コンテインを攻略する（3アウト）

⊚ スクリーナーのディフェンスが下がっていく守りに対して

## ▶ ディフェンスの狙い

▼スクリーナーのディフェンスが、ボールマンとの間合いを近すぎず（ドライブで抜かれたり、パスでかわされたりしないため）、遠すぎない（シュートを簡単に打たれない）距離でゴール方向へ下がりながら2対1の状況を作り、ボールマンの状況判断ミスを誘う。

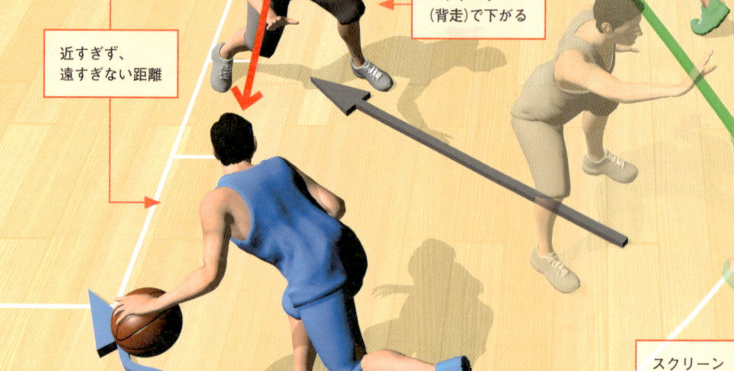

近すぎず、遠すぎない距離

バックペダル（背走）で下がる

スクリーン

point of view
## ボールマンの視点

▶ピック（スクリーン）を利用してドリブルでアタックしたとき、スクリーナーのディフェンスがバックペダル（背走）を使って、ボールマンと一定の間合いを保ちながら下がっていく。シュートを打つか、ロールしたスクリーナーにパスをするか、ディフェンスとの駆け引きが求められる。

シュートを打つか、ロールしたスクリーナーにパス

## ディフェンスやスクリーナーの動きに応じてプレーを判断する

▼2対1の状況ではボールマンがいかに正しい状況判断をするかが求められる。スクリーン以前、ディフェンスはスクリーナーの後ろで守りながら、ユーザーが出てきたら、ロールしたスクリーナーにも注意しながら、ボールマンと一定の間合いを保ちながらバックペダルを踏んでいく。バックペダルは思っているより足への負担が大きいため、選手によってはうまくできないこともある。

### 1　ディフェンスが横に出る

ユーザーの進行方向に出る

### 2　スクリーナーが先行する

スクリーナーがより速く走り込んでいるときにパス

▲本来ゴール方向に下がるべきディフェンスが、ユーザーの進行方向に出るような横の動きをしたり（1）、ロールしたスクリーナーがより速く走り込んでいるとき（2）にパスを出す

### 3　ディフェンスが下がりすぎ

point of view
**ボールマンの視点**

ディフェンスがゴール近くにまで下がっていたら、シュートを狙う

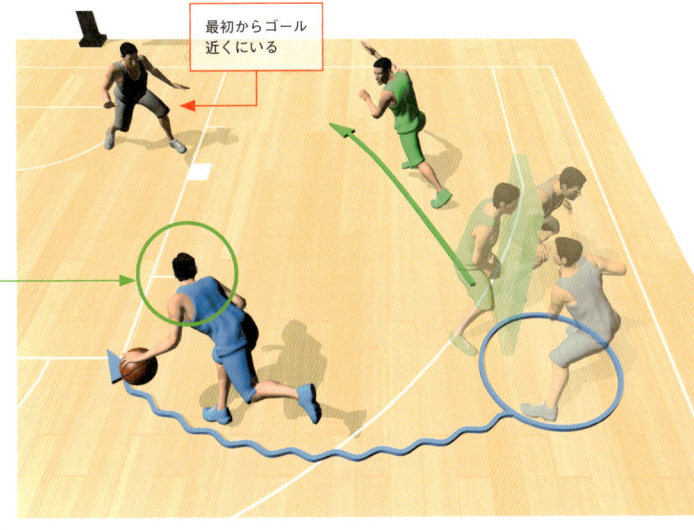

最初からゴール近くにいる

▲本来、スクリーナーの後ろにいて、そこから徐々に下がっていくディフェンスが、最初からゴール近くにまで下がっていたら、シュートを狙う。

# ▶ ストレッチドリブルを使う

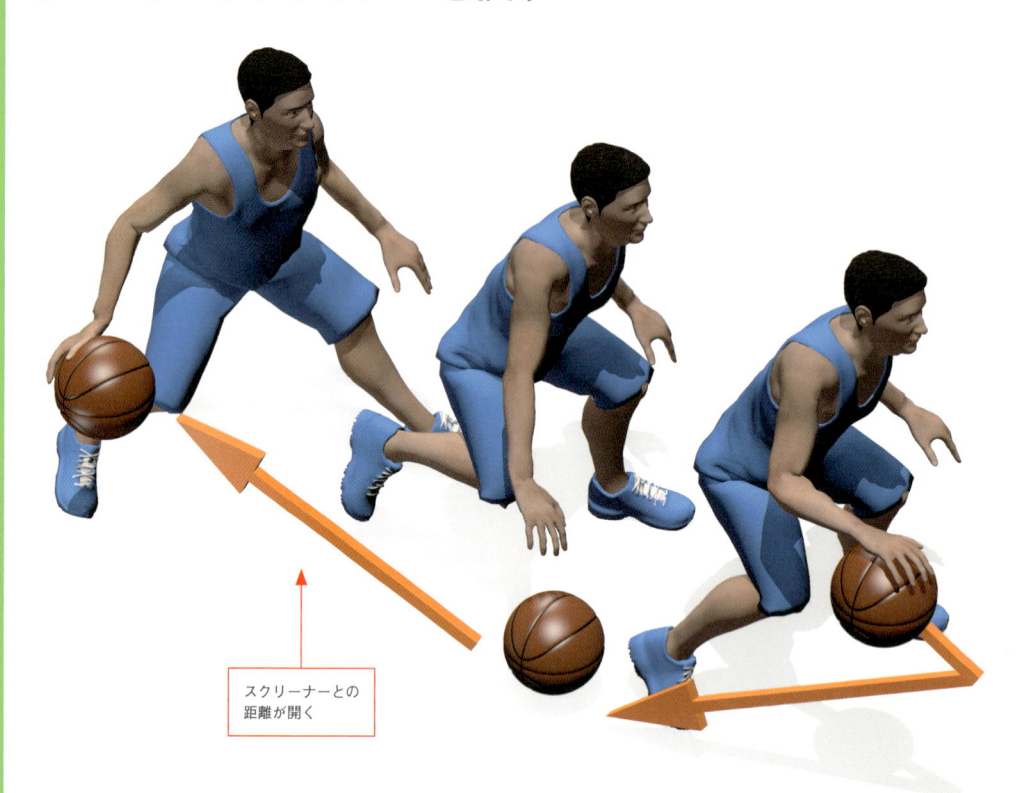

スクリーナーとの
距離が開く

▲ボールマンは「ストレッチ」と呼ばれるドリブルを使って、ディフェンスと駆け引きをする。ストレッチとは簡単に言えば「インサイドアウトドリブル」。それを使うことでロールしたスクリーナーとの距離が開き、より2対1が攻めやすくなる。コンテインするディフェンスがボールマンを守りに出てくればパス、ロールしたスクリーナー寄りに守ればシュートを狙う。

**Point**

## インサイドアウトの振り幅

▲内方向への動きを小さくし、外方向に大きく出るようにボール（手）を動かす。

▲内方向への動きを大きくしても、同じように外方向へ大きく動かすと、元の位置に戻るためディフェンスを動かすことができない。

# ヘルプサイドの合わせ

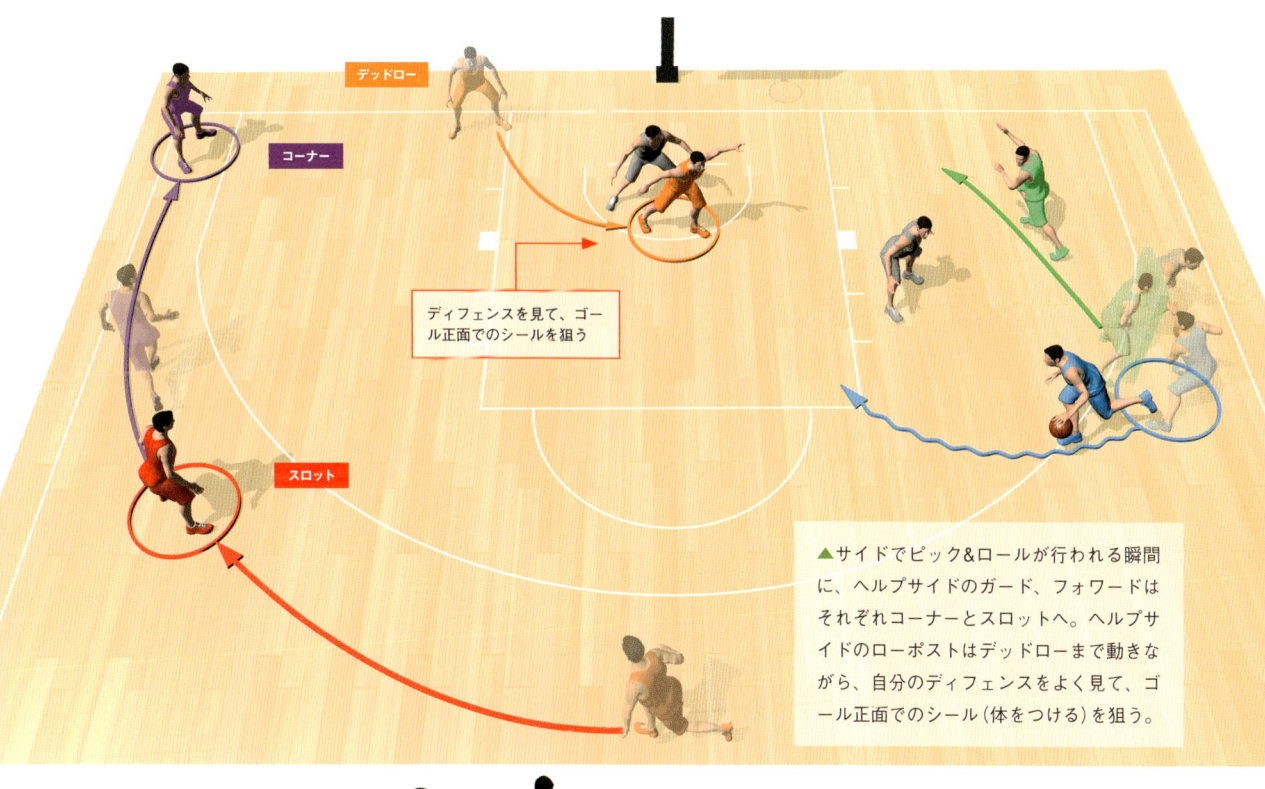

デッドロー

コーナー

スロット

ディフェンスを見て、ゴール正面でのシールを狙う

▲サイドでピック＆ロールが行われる瞬間に、ヘルプサイドのガード、フォワードはそれぞれコーナーとスロットへ。ヘルプサイドのローポストはデッドローまで動きながら、自分のディフェンスをよく見て、ゴール正面でのシール（体をつける）を狙う。

point of view

デッドローの視点

逆サイドのピック＆ロールに気を取られている

素早く前に出てシールをする

▶デッドローに移動しながら、自分のディフェンスがどのような姿勢を取るかをチェックする。逆サイドのピック＆ロールに気を取られていたら、素早く前に出てシールをする。

# ▶ ヘルプサイドの
## 合わせ（つづき）

シュートを狙う

ロールした選手に
パス

コーナーへパス

スロットへパス

シールした選手にパス

▼ボールマンは状況に応じて、①ド
ライブからシュートを狙う、②ロー
ルした選手にパス、③シールした選
手にパス、④スロットへパス、⑤コ
ーナーへパスを素早く判断する。

---

point of view
## ボールマンの視点

▶目線をしっかり上げて、
周りのディフェンスがど
う守っているかを見て、
次のプレーを判断する。

▼ゴール正面に合わせるとボールマンの邪魔になるように思うかもしれない。しかしゴール正面でシールすることでビッグマンのディフェンスがヘルプに行けなくなり、ボールマンはレイアップを打てる可能性が高くなる。

レイアップを打てる可能性が高くなる

ヘルプに行けなくなる

素早く前に出てシールをする

## ✕ NG ヘルプサイドのビッグマンはロールする選手の動きと重ならない

ダイブしてきた選手とぶつかる

▶ヘルプサイドのビッグマンは、ミドルラインドライブに対してベースライン沿いを移動して合わせようとすると、ピック＆ロールでダイブしてきた選手とぶつかるのでNG。

# 12 ハードショーを攻略する（3アウト）

▶ ボールマンの動きが一瞬止められる守りに対して

## ▶ ディフェンスの狙い

スクリーナーのディフェンスが素早くドライブのコースに飛び出す

▶スクリーンを使ってドライブを仕掛けようとするユーザーに対して、スクリーナーのディフェンスが素早くドライブのコースに飛び出し（ハードショー）、ボールマンの動きを止め、ハーフライン方向に押し上げさせる。

**point of view**

### ハードショーする
### ディフェンスの視点

ユーザーがドライブをする瞬間にそのコースへと素早く飛び出す

◀スクリーナーの「スリップ」に注意しながら、ユーザーがドライブをする瞬間にそのコースへと素早く飛び出す。コースを封じられ、スピードの出せないユーザーはコースを変えざるを得ない。

## ●ハードショーしたディフェンスの動き

▶ユーザーのディフェンスは、スクリーンが終わった後、押し上げられたユーザーを追いかけ、ハードショーの下（ベースライン側）を通る。ハードショーをしていたディフェンスは、ユーザーのドリブルをいったん止めたらすぐに自分のマークマンへ戻る。

自分のマークマンへ戻る

押し上げられたユーザーを追いかける

## ●ハードショーからのチームディフェンス

逆サイドのディフェンスがヘルプに寄ってくる

▶ユーザーは2人のディフェンスを越すように、ダイブしたスクリーナーにパスをすることもできる。しかし実際には逆サイドのディフェンスがヘルプに寄ってくるため、効果的な攻撃はしにくい。

# ▶ 対ハードショー
# 3つのパスコースを作る

## ① ヘルプサイドのガードにつなぐ

▼ハードショーに対しては3つのパスコースを用意しておく。1つ目はヘルプサイドのスロットに移動していた選手がトップに戻ってパスを受ける方法。そこから次の展開に素早く入っていく。ハードショーに対してはパッシングゲームのようなスムーズなパスが求められる。

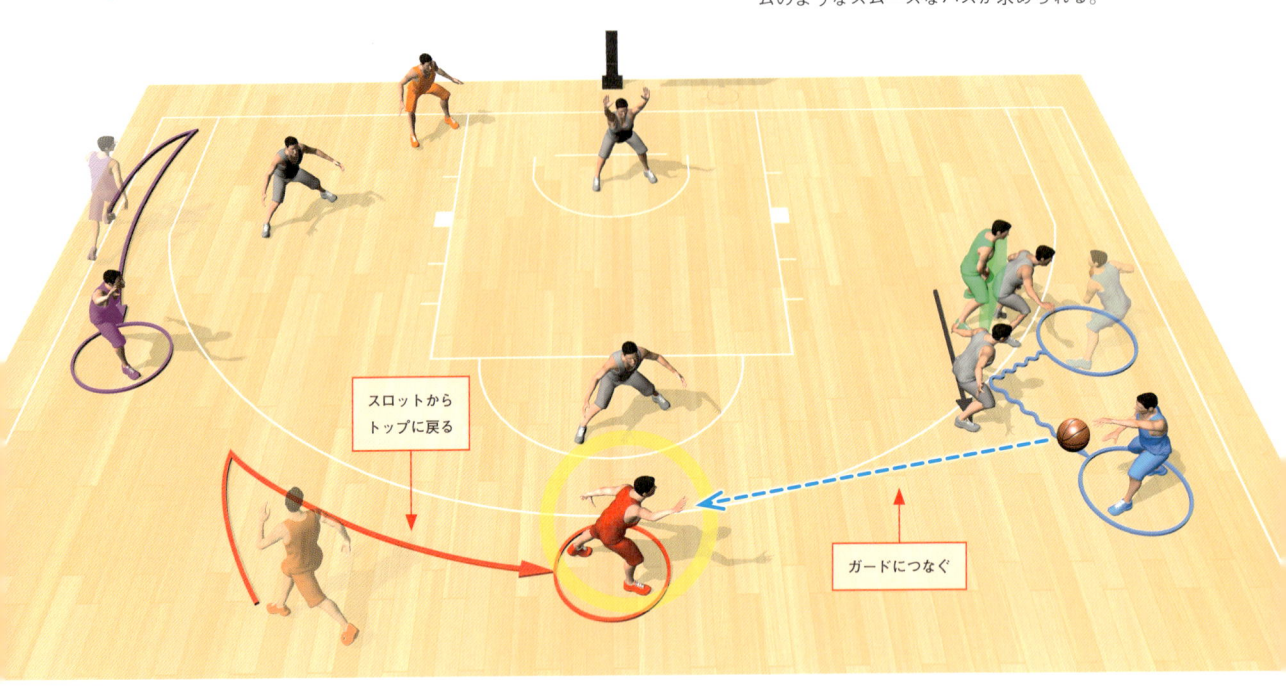

スロットから
トップに戻る

ガードにつなぐ

point of view

## 🔍 ヘルプサイドの選手の視点

▶ハードショーされたボールマンの目線と合うようなポジションに出る。横方向へのパスになるので、自分のディフェンスにインターセプトされないよう、しっかりとボールヘミートしよう。

ボールマンの目線
と合うようなポジ
ションに出る

## ② ヘルプサイドのビッグマンによるフラッシュ

▼2つ目のパスコースとしては、ヘルプサイドのデッドローにいたビッグマンが、ボールサイドのエルボ　方向にフラッシュする（素早く駆け上がる）方法がある。自分のディフェンスはロールした選手の動きにも注意を向けているので、比較的スムーズにフラッシュしやすい。

ロールした選手の動きにも注意を向けている

エルボー方向にフラッシュ

## ③ロールしたスクリーナーがポップアウトする

▼スクリーンをかけたあとロールしたスクリーナーが、コーナーにポップアウトして、パスを受ける方法もある。ハードショーした選手はゴール方向に戻ろうとするので、ポップアウトすれば、比較的パスを受け取りやすい。

ゴール方向に戻ろうとする

コーナーにポップアウト

## フラッシュではボールマンと目を合わせる

ボールマンと目線が合う
位置にフラッシュする

▶ヘルプサイドのローポストからボールサイドのエルボー方向にフラッシュする選手は、ボールマンと目線が合う位置にフラッシュすること。特に相手がハードショーからダブルチームを仕掛けてきたときは、わずかな隙間からでも目線の合う位置を探さなければいけない。

デフェンスと重なる

NG

▶とりあえずエルボーあたりにフラッシュすればいい、という考えではパスが通りにくくなる。

## point of view
### フラッシュする選手の目線

▶ボールマンがダブルチームをされていても、わずかな隙間から目線が合うような場所に動くことで、ボールマンもパスが出しやすくなる。

## ●フラッシュにパスが出れば アウトナンバーが生まれる

▼ボールマンがダブルチームをされたとき、フラッシュにパスが出れば4対3の状況が生まれる。ディフェンスの出方によって、素早く次の攻撃を判断しよう。

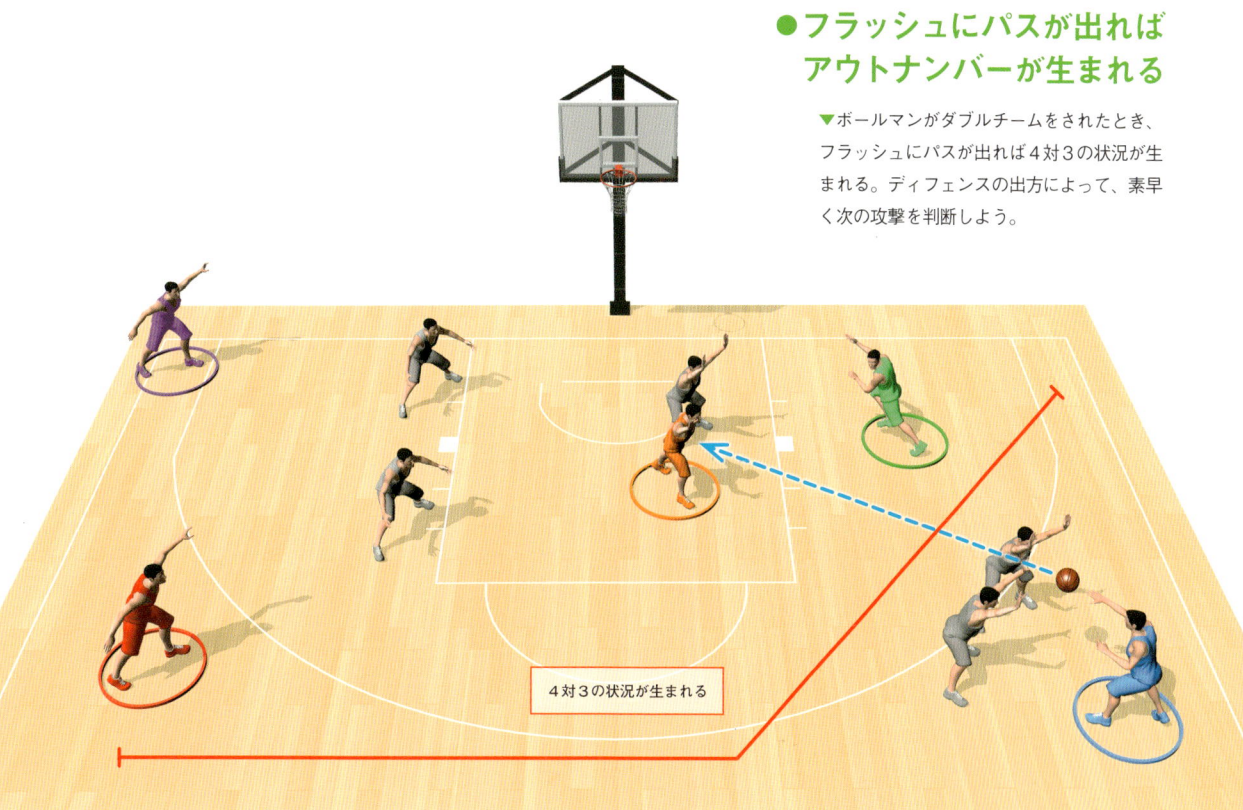

4対3の状況が生まれる

# ▶ 対ハードショー

## ●フラッシュからの展開 ①
## 　ハイロープレー

▼ロールへのヘルプに注意を向けていた、本来、自分を守るべきディフェンスが出てきたら、ロールした選手にパスを出す。ハイポストからローポストへのハイロープレーとなる。

ディフェンスが出てくる

---

point of view

## フラッシュでボールを受けた選手の視点 ①

バウンズパス

▼自分のディフェンスが出てきて、ロールした選手が先行して走っていたら、足元を抜くバウンズパスで合わせる。

# ▶ プレッシャーをかけられたときのパス

## ●パスフロント

◀インサイドアウトドリブルでハードショーのディフェンスとの間合いを開け、フラッシュしてきたビッグマン、もしくはヘルプサイドのガードにパスを出す。このとき「パスフロント」と呼ばれる片手のアンダーハンドパスを出そう。

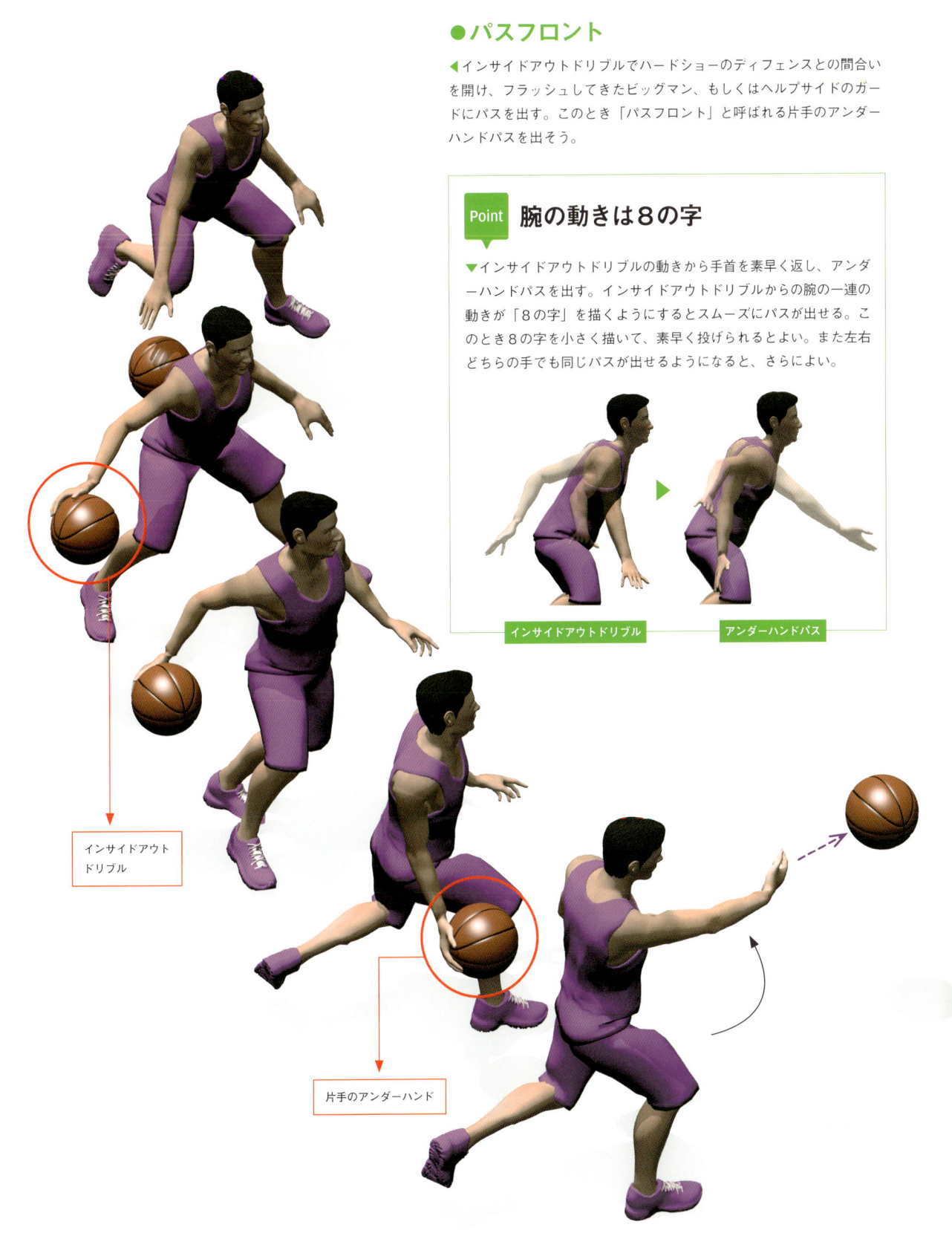

> **Point** **腕の動きは8の字**
>
> ▼インサイドアウトドリブルの動きから手首を素早く返し、アンダーハンドパスを出す。インサイドアウトドリブルからの腕の一連の動きが「8の字」を描くようにするとスムーズにパスが出せる。このとき8の字を小さく描いて、素早く投げられるとよい。また左右どちらの手でも同じパスが出せるようになると、さらによい。
>
> インサイドアウトドリブル　　　アンダーハンドパス

インサイドアウトドリブル

片手のアンダーハンド

# ピック＆ポップで攻める

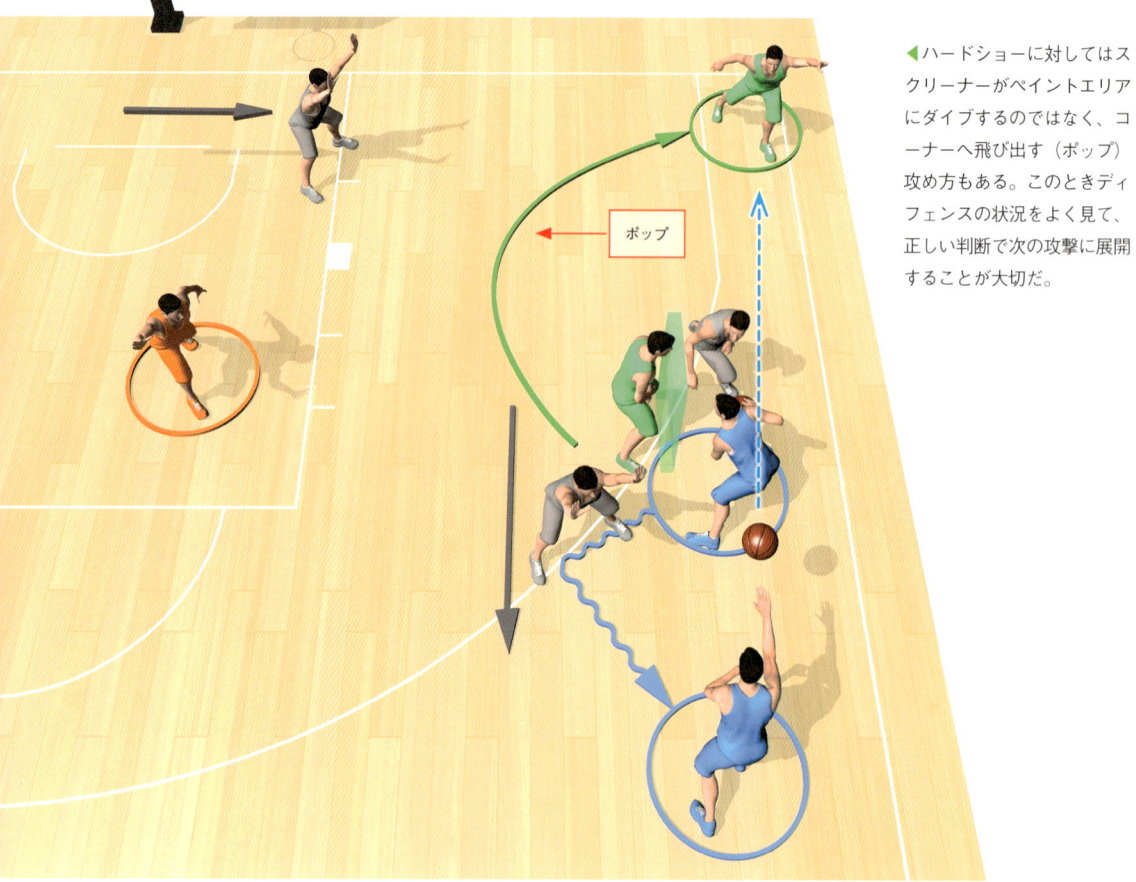

◀ハードショーに対してはスクリーナーがペイントエリアにダイブするのではなく、コーナーへ飛び出す（ポップ）攻め方もある。このときディフェンスの状況をよく見て、正しい判断で次の攻撃に展開することが大切だ。

ポップ

point of view

## ボールマンの視点

◀ロールした選手がゴールへダイブせずにコーナーにポップしたら、ボールマンはしっかりとピボットを踏んで、ワンハンドパス（サイドハンドパス）を出す。

しっかりとピボットを踏む

## ▶ ポップからの展開

### ① フラッシュから ゴールへダイブ

▼コーナーにパスが通り、ヘルプサイドの ディフェンスがローテーションで出てきた ら、ボールサイドのエルボーにフラッシュ した選手がダイブして、合わせる。

ダイブ

### ② ヘルプサイドへスキップパス

スキップパス

▶ボールサイドのエルボーにフ ラッシュした選手のダイブに、 コーナーの選手のディフェンス がローテーションをしてきたら スキップパスを飛ばす。ボール マンは受け手だけでなく、周り のディフェンスの動きも見て、 パスの判断をする。

# ▶ プレッシャーをかけられたときのパス　●パスバック

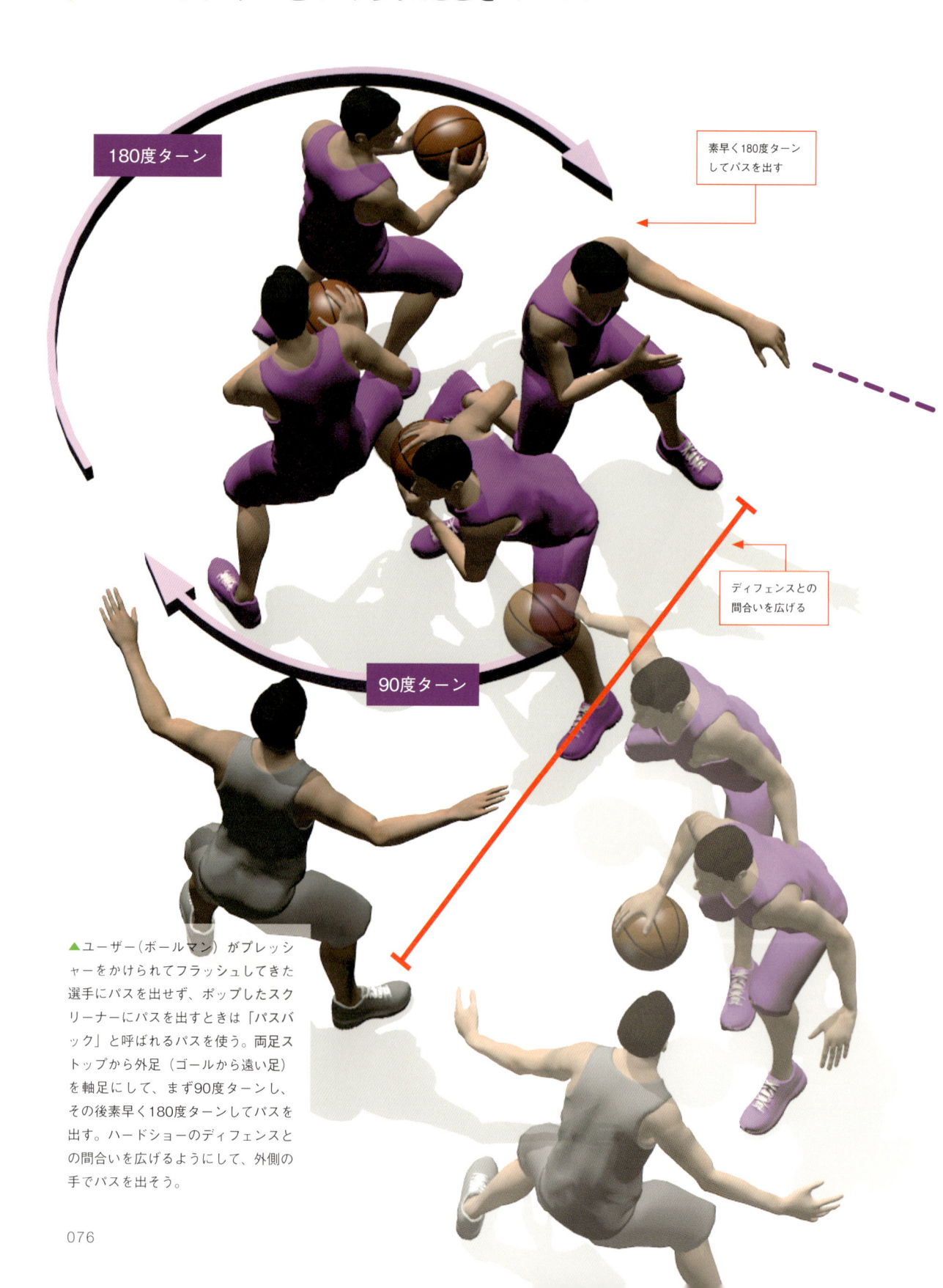

180度ターン

素早く180度ターンしてパスを出す

90度ターン

ディフェンスとの間合いを広げる

▲ユーザー（ボールマン）がプレッシャーをかけられてフラッシュしてきた選手にパスを出さず、ポップしたスクリーナーにパスを出すときは「パスバック」と呼ばれるパスを使う。両足ストップから外足（ゴールから遠い足）を軸足にして、まず90度ターンし、その後素早く180度ターンしてパスを出す。ハードショーのディフェンスとの間合いを広げるようにして、外側の手でパスを出そう。

GOOD

**Point**

## パスを出したい方向に
## しっかり足を踏み込む

▶ ２度のステップ（90度ターンと
180度ターン）をしたとき、フリーフ
ットをパス方向に強く踏み込むことで、
強くて速いパスを出すことができる。

パス方向

フリーフットをパス
方向に強く踏み込む

ポップしたスクリーナー

**NG**

重心が後ろに残る

## 重心が後ろに
## 残る

▶ 180度ターンのように大
きなターンでは重心が後ろ
に残りやすくなる。重心を
後ろに残したままでパスを
すると弱いパスになって、
インターセプトされる可能
性が高くなる。

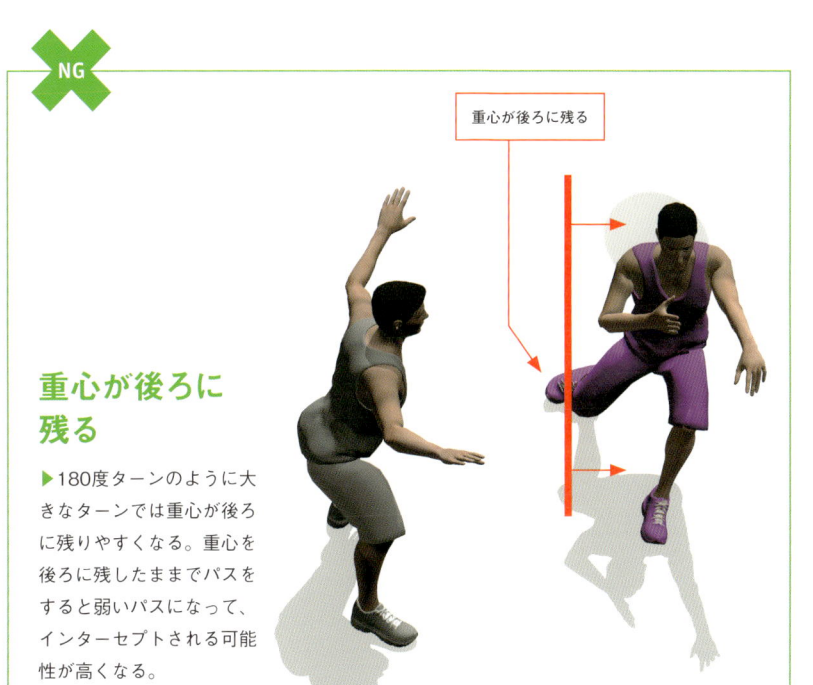

# 13 アイスを攻略する（3アウト）

▶ ボールマンの方向づけをする守りに対して

## ▶ ディフェンスの狙い

▶ディフェンスは「アイス」を
することでボールマンにミドル
ライン側へ進ませず、ベースラ
イン側（緑色部分）に追い込み
たいという狙いがある。

### ならば

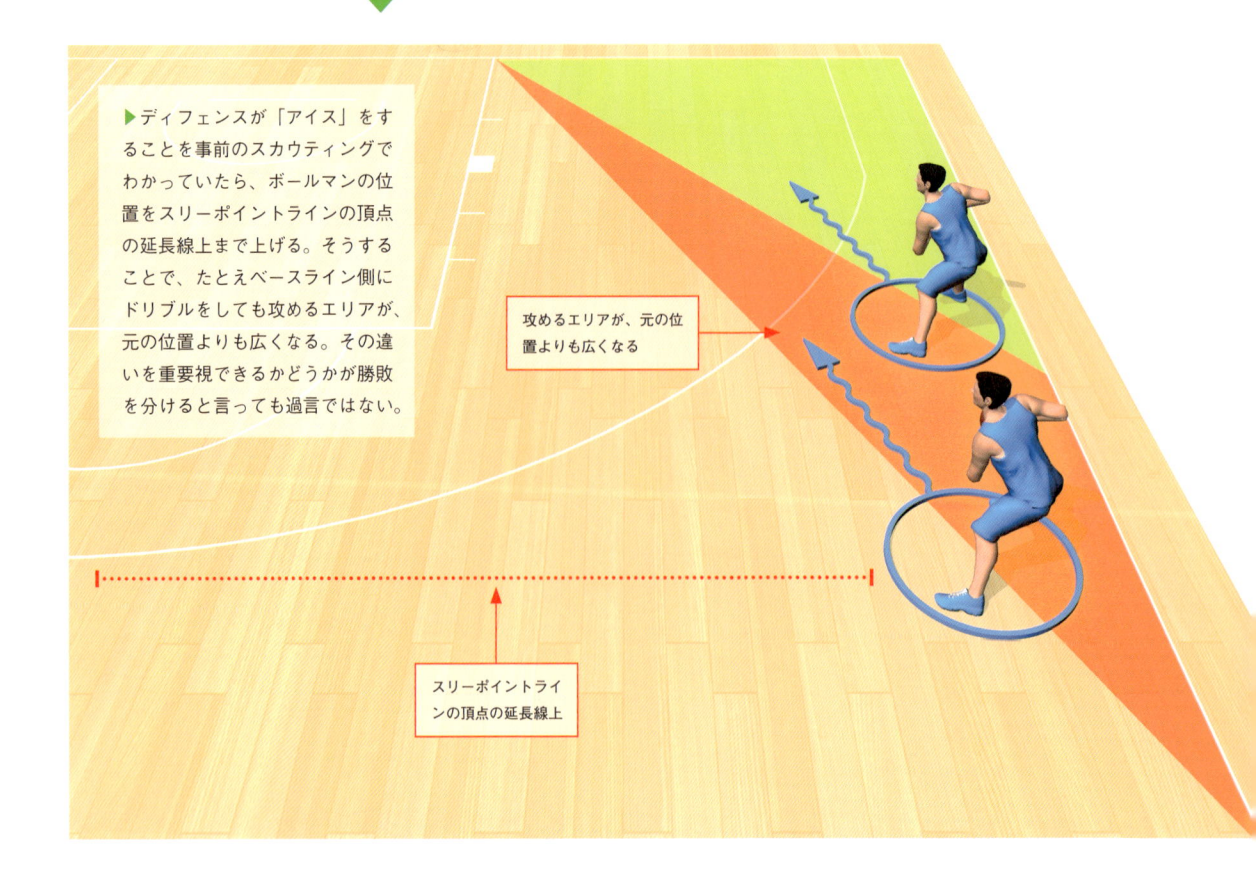

▶ディフェンスが「アイス」をす
ることを事前のスカウティングで
わかっていたら、ボールマンの位
置をスリーポイントラインの頂点
の延長線上まで上げる。そうする
ことで、たとえベースライン側に
ドリブルをしても攻めるエリアが、
元の位置よりも広くなる。その違
いを重要視できるかどうかが勝敗
を分けると言っても過言ではない。

攻めるエリアが、元の位
置よりも広くなる

スリーポイントライ
ンの頂点の延長線上

# ▶ 対アイスでの ボールマンの ボールの受け方

▼外足（ゴールに正対したとき外側に来る足）を一歩目にしてボールを受ける。素早くリバースターンをしてコートの内側にいるディフェンスに背を向けるように構える。このときボールはディフェンスから遠い位置に置く。

ディフェンスに背を
向けるように構える

外足を一歩目

リバースターン

ボールはディフェンス
から遠い位置に置く

# ▶ 対アイスにはステップアップスクリーンをセット

ディフェンスの横に
駆け上がる

GOOD

NG

◀スクリーンプレーをアイ
スで守ってくるディフェン
スはボールマンのすぐ横で
構えている。そのためスク
リーンは通常の位置（ユー
ザーのディフェンスの斜め
後ろ）ではなく、ディフェ
ンスの横に駆け上がる「ス
テップアップスクリーン」
を使う。

その後の展開：ポケットシュート

ジャンプシュート

▲ボールマンのドリブルに対して、スクリーナー
はショートロールしてペイントエリアのエルボー
に向かう。ポケットゲームでパスを受けたらポケ
ットからのジャンプシュートを狙う。もしくはヘ
ルプサイドのビッグマンがゴール正面にシールし
たら、ハイロープレーを選択してもよい。

# ▶ ポケットゲームとは？

ピック＆ロールでディフェンスのずれを作り、アウトナンバーの状況を作り出すときに、1回のスクリーンプレーで完結できればよいが、ディフェンスもさまざまな戦術を使って守ってくる。このときに1回だけで攻めるのではなく、次の攻撃を作るところまでをイメージした継続性のあるスクリーンプレーを「ポケットゲーム」と呼ぶ。つまり相手ディフェンス全体を動かすためのきっかけのプレーと言っていいだろう。

## 例

▼アイスからエルボーにダイブした選手にパスを出す。このときヘルプサイドのスロットのディフェンスがヘルプにきたら、スロットにボールを展開する。スロットの選手はシュートを狙うか、コーナーのディフェンスが出てくれば、コーナーにパスを落とす。

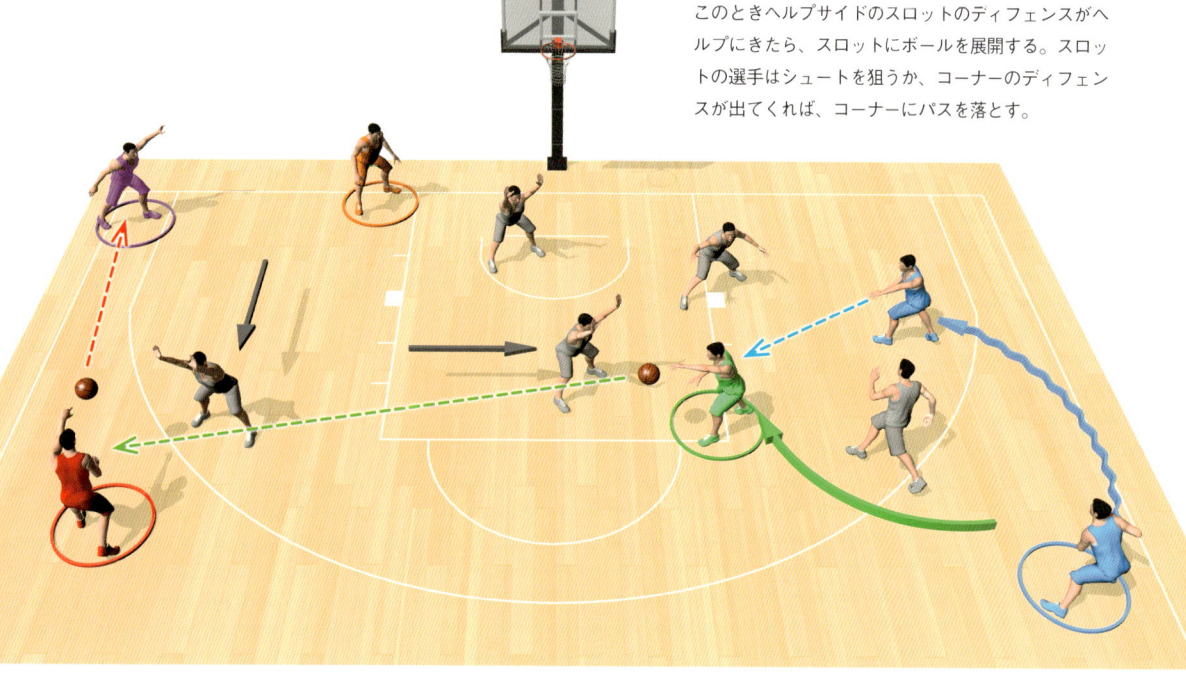

## ✖ NG

▶アイスから、ダイブした選手がペイントエリアの奥まで入り込んできて、ユーザーからパスを受け取れなければ、攻撃の流れが止まってしまう。状況にもよるが、ペイントエリア内が密集しているようであればエルボーでパスを受けて、次の攻撃に展開したほうがよい。

# ▶ ポケットゲームのコツ

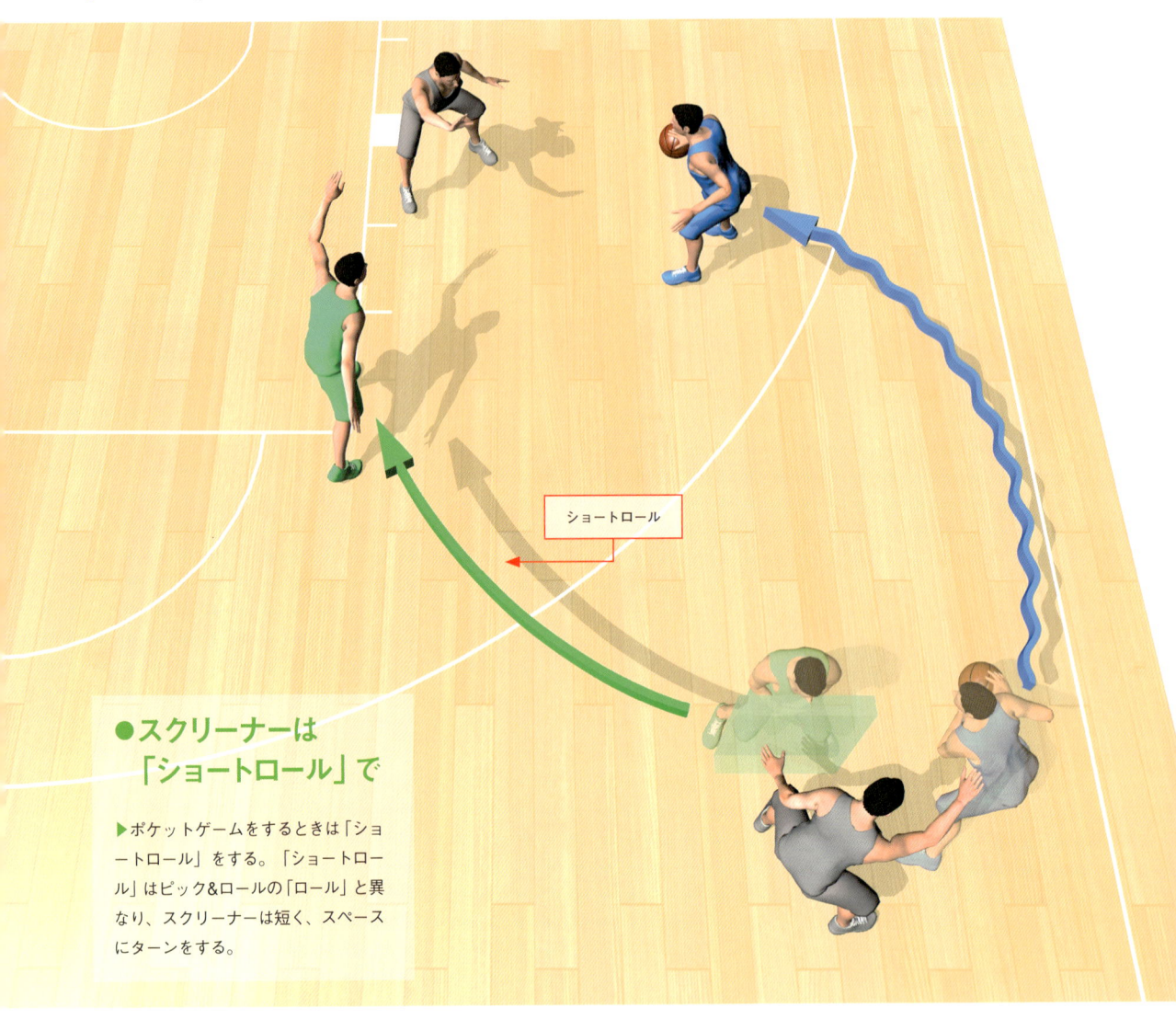

ショートロール

## ●スクリーナーは 「ショートロール」で

▶ポケットゲームをするときは「ショートロール」をする。「ショートロール」はピック&ロールの「ロール」と異なり、スクリーナーは短く、スペースにターンをする。

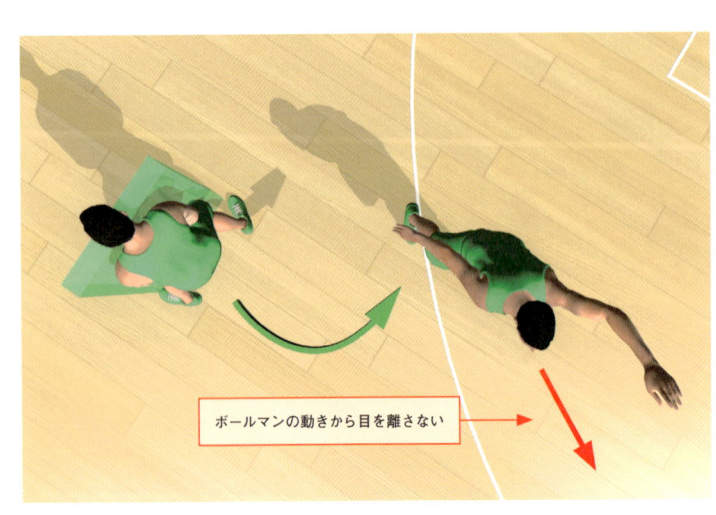

ボールマンの動きから目を離さない

## ショートロールは リバースターンでもOK

◀ゴールにアタックするというより、パスを受けて、そこから攻撃を展開する「ポケットゲーム」ではボールマンと呼吸を合わせることがより重要になる。そのためボールマンの動きから目を離さないリバースターンでもよい。

point of view

## ボールマンの視点

◀ボールマンはディフェンスの位置を見ながら、ショートロールして同じレーン（真横）にいるビッグマンも視界に入れておく。

ディフェンスの位置を見ながらビッグマンも視界に入れる

## ▶ ピック＆ポップで攻めるパターンもある

▶ステップアップスクリーンを利用してボールマンがドライブをしたとき、スクリーナーはポップしてパスを受けてもよい。ヨーロッパなど、身長が高くて、なおかつ3ポイントシュートも打てる選手が多い地域ではピック＆ポップも主流のプレーになっている。

ポップしてパスを受ける

# ▶ ポケットゲームからの展開

## ● ヘルプサイドの ビッグマンの合わせ （ハイロープレー）

▼エルボーでパスを受けた選手はシュートを狙うか、ヘルプサイドのデッドローからゴール前でシールしたビッグマンとハイロープレーを狙う。

デッドローから
ゴール前でシール

ハイロープレー

point of view

## スクリーナーの視点

▶ゴールを見ながら、ディフェンスの動きや、ゴール前でシールする選手、ヘルプサイドの動きまで視野に入れておく。

# ▶ ヘルプサイドの微調整

ディフェンスの様子を見ながら、トップ方向に少し移動する

▶ボールマンがベースライン方向にドリブルし、ビッグマンがそれぞれ合わせの動きをするとき、ヘルプサイドのコーナーとスロットに移動していた選手もディフェンスの様子を見ながら、トップ方向に少し移動しておく。ボールの位置が動くとき、ボールを持っていない選手もポジションを微調整しておくことがその後のプレーへの連動性を高める。

### point of view
## ボールマンの視点

▶ステップアップスクリーンを利用してベースライン方向にドリブルをした選手は、事前のスカウティングでディフェンスの動きをチェックしておき、必要であればヘルプサイドにスキップパスを出す。

# ●間を割るドリブル
## （スネーク）

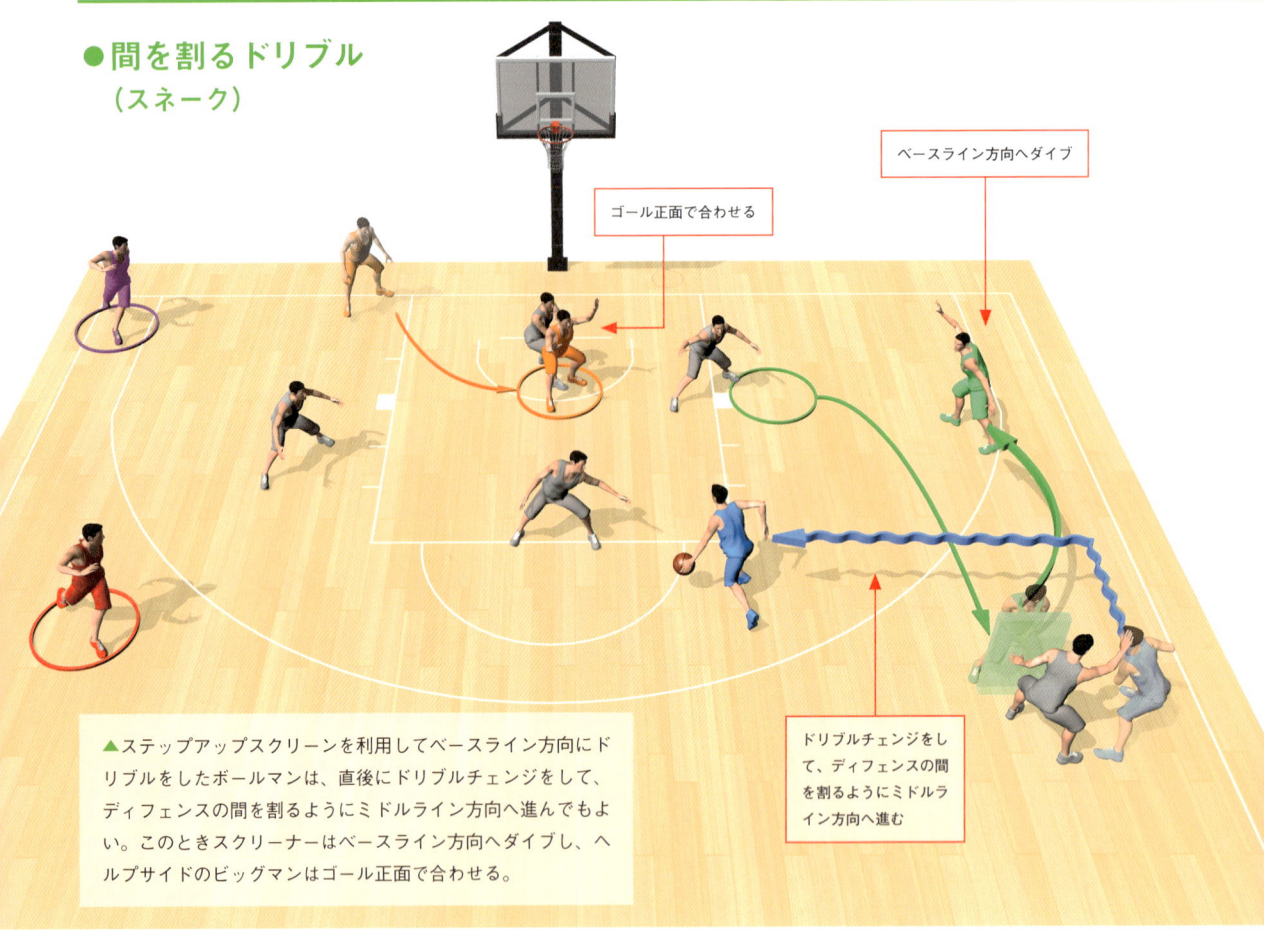

ベースライン方向へダイブ

ゴール正面で合わせる

ドリブルチェンジをして、ディフェンスの間を割るようにミドルライン方向へ進む

▲ステップアップスクリーンを利用してベースライン方向にドリブルをしたボールマンは、直後にドリブルチェンジをして、ディフェンスの間を割るようにミドルライン方向へ進んでもよい。このときスクリーナーはベースライン方向へダイブし、ヘルプサイドのビッグマンはゴール正面で合わせる。

## point of view
## 🔍 ボールマンの視点

▼ペイントエリアへアタックしたボールマンは、ディフェンスが密集しているなかでそのポジショニングや体の向きなどを素早く見て、次の動きを判断しなければいけない。

## ●スクリーナーの注意点

▶アイスに対してステップアップスクリーンをかけるスクリーナーには注意点がある。1つはスクリーンを通常よりも少しだけ長くセットしておくことだ。なぜならすぐにショートロールをしてしまうと、ユーザー（ボールマン）がスネークを使おうと方向転換をしたときにぶつかってしまう可能性があるからだ。ステップアップスクリーンでは肩越しにユーザー（ボールマン）の動きを見て、ユーザー（ボールマン）がストレートにドライブをしたらショートロール（❶）、スネークしたらロールをする（❷）。

point of view

## スクリーナーの
## ディフェンスの視点

ディフェンスの意識が
ボールマンに向く

▶アイスを敷いているチームのスクリーナーのディフェンスは、ステップアップスクリーンからボールマンがベースライン側にドリブルしてくると想定している。そのとき間を割ったドリブルで方向転換をすると、それを守ろうと意識が向く。そのためダイブした選手がパスを受けやすくなる。

# 4アウト1インで攻める

● アウトサイドのスペースが狭いときの対処法

## ▶ コンテインに対する継続性のある攻撃 (通称 " マッカビ ")

トップへパス

▲ユーロリーグにも参戦しているイスラエルのプロチーム、マッカビ・テルアビブが使用した、サイドピック＆ロールのフラットディフェンスに対する連続オフェンス。サイドのピック＆ロールに対してトップのディフェンスが寄ってきたら、ユーザーはトップへパス。このオフェンスは左右のサイドで連続して行える継続性のある攻撃（コンティニュイティ・オフェンス）となる。

カット

▲トップの選手がパスを受けたら、ウイングの❶はピック＆ロールが行われた逆サイドへカットする。

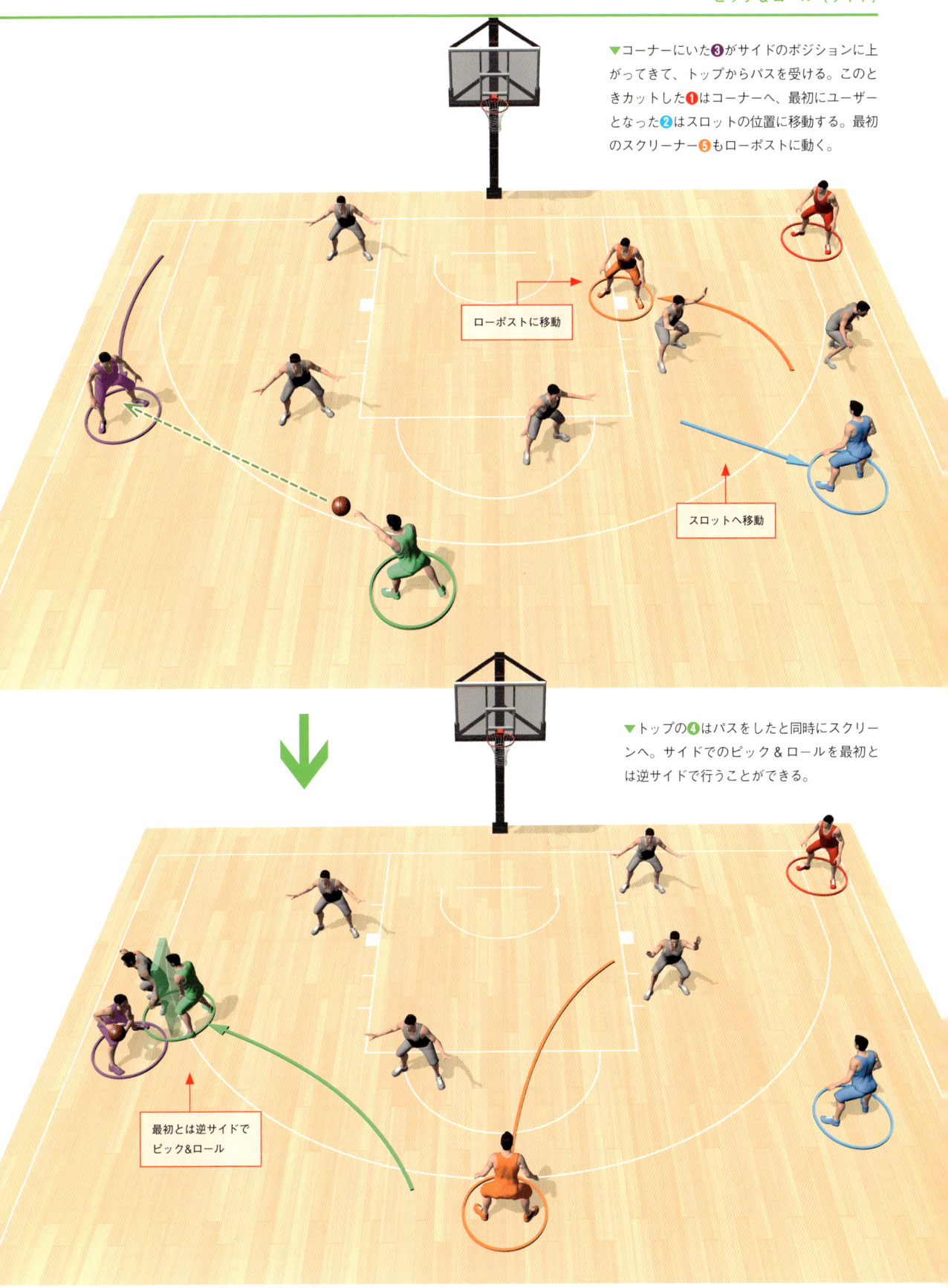

▼コーナーにいた❸がサイドのポジションに上がってきて、トップからパスを受ける。このときカットした❶はコーナーへ、最初にユーザーとなった❷はスロットの位置に移動する。最初のスクリーナー❺もローポストに動く。

ローポストに移動

スロットへ移動

▼トップの❹はパスをしたと同時にスクリーンへ。サイドでのピック＆ロールを最初とは逆サイドで行うことができる。

最初とは逆サイドでピック＆ロール

# ▶ 対ハードショー

## ● 4アウトは ハードショー向き

▼ハードショーに対しては4アウトが有効となる。なぜならサイドでハードショーを受けたボールマンが、そのままトップにいる選手にパスを出せるからだ。

トップへパス

## ● "マッカビ" にも 移行しやすい

▼相手のハードショーからトップの④がパスを受け、ヘルプサイドのウイングがカットすれば、"マッカビ"と同じ動きになる。

カット

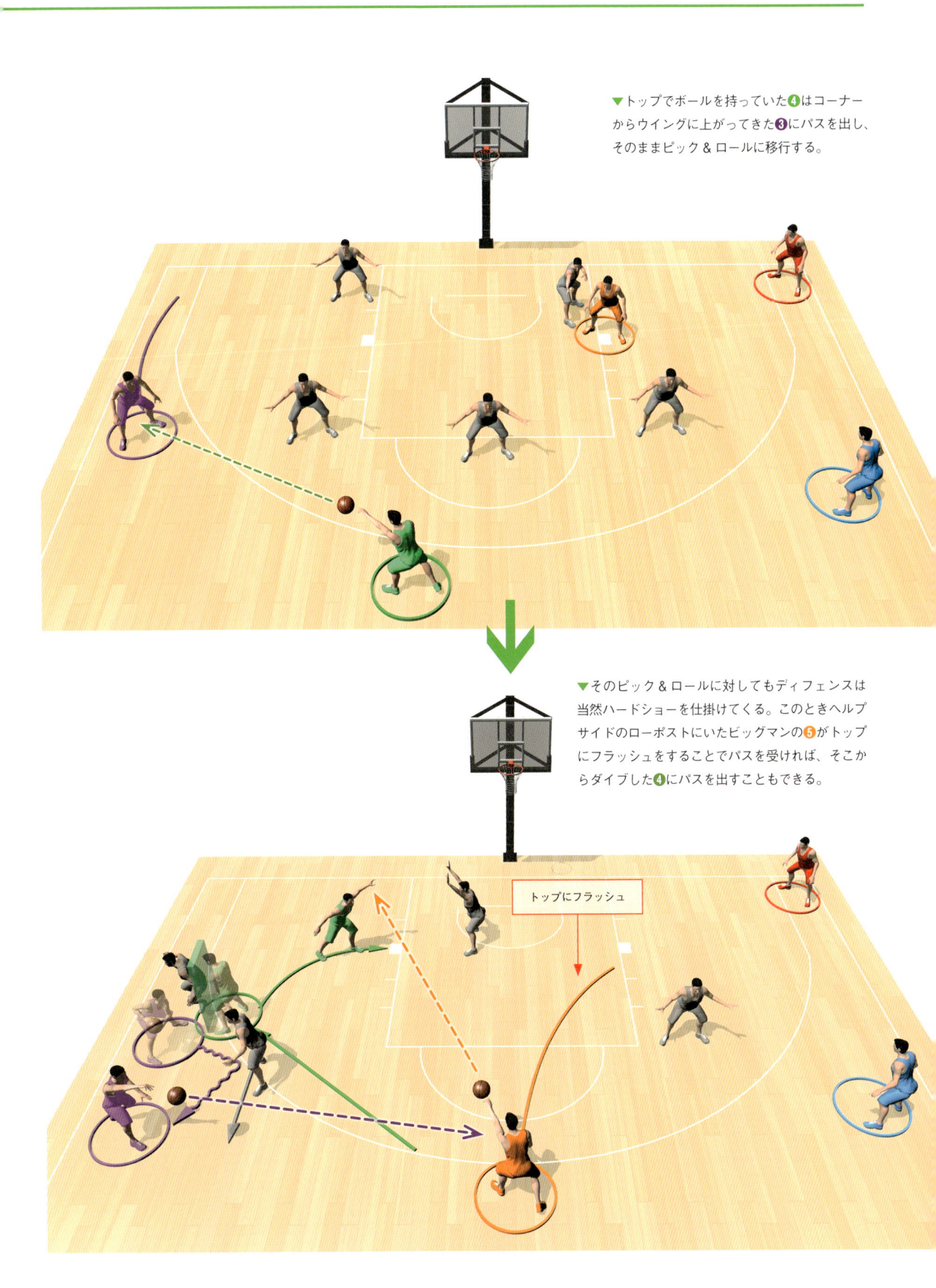

▼トップでボールを持っていた❹はコーナー
からウイングに上がってきた❸にパスを出し、
そのままピック＆ロールに移行する。

▼そのピック＆ロールに対してもディフェンスは
当然ハードショーを仕掛けてくる。このときヘルプ
サイドのローポストにいたビッグマンの❺がトップ
にフラッシュをすることでパスを受ければ、そこか
らダイブした❹にパスを出すこともできる。

トップにフラッシュ

# 対アイス

## NG 4アウトは アイスに不向き？

▼アイスに対してステップアップスクリーンで攻めたとき、トップにいた④のディフェンスが下がって、スクリーナーのショートロール（ポケットゲーム）を守られてしまう。

④のディフェンス

### point of view ④の視点

▼トップに④がいるとき、そのディフェンスはピック＆ロールをしようとしている2対2と④の両方が見える位置にポジションを取っている。そのため、自分のマークマンとともに、ショートロールしてきたスクリーナーも同時に守ることができる。

## ●トップがカットする

▼左ページ（P92）のようなときは、トップにいた❹がゴールに向かってカットすることで、❹のディフェンスもついてくる。パスを受けなければ逆サイドのショートコーナーへ。

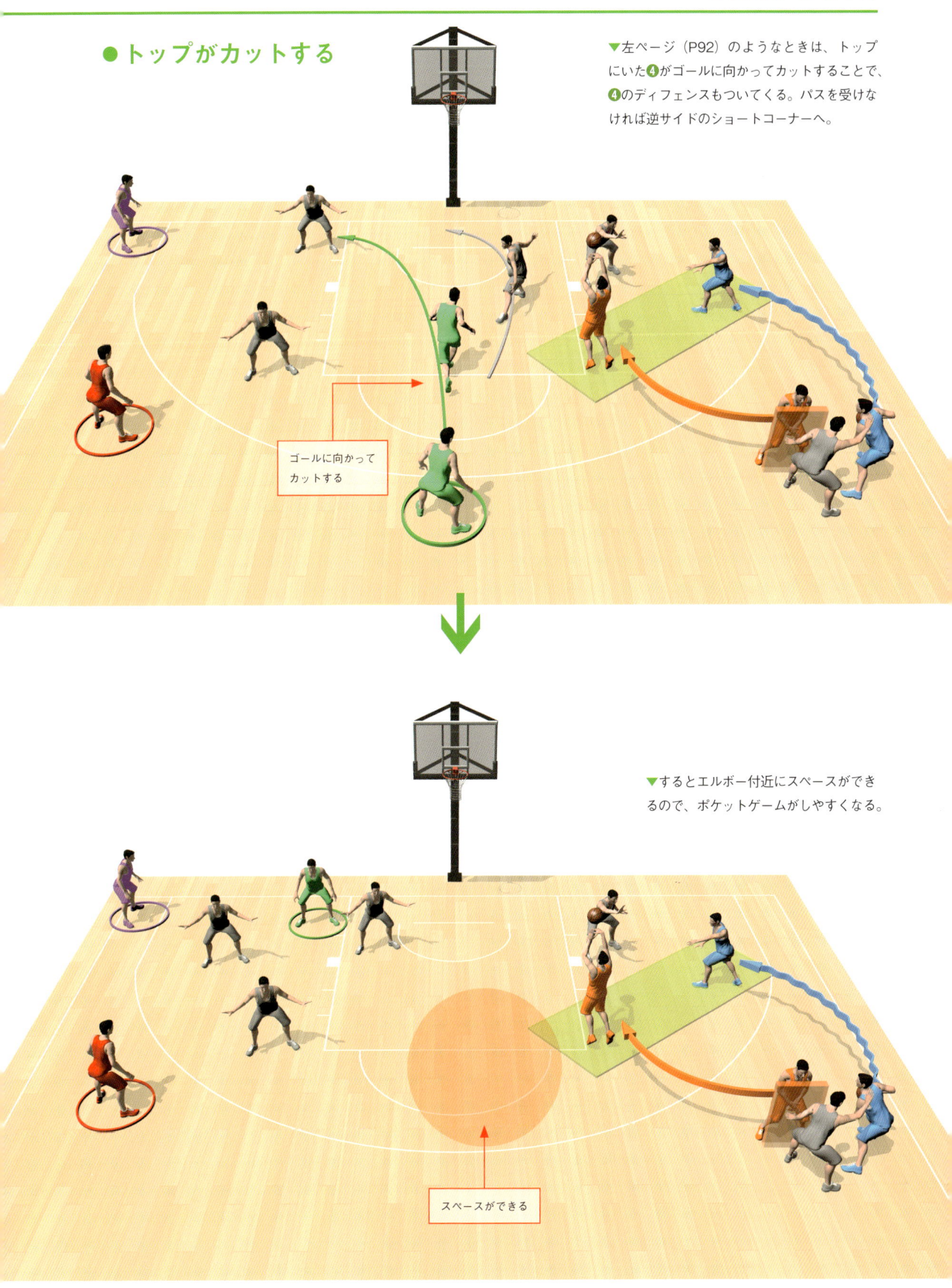

ゴールに向かってカットする

▼するとエルボー付近にスペースができるので、ポケットゲームがしやすくなる。

スペースができる

## ●ヘルプサイドのディフェンスは「ネイル」を守る

フリースローライン
の中心「ネイル」

▼トップにいた選手がデッドローに移動し、ヘルプサイドのスロットを守っていたディフェンスは原則的に「ネイル（フリースローラインの中心）」を埋めようとする。しかしボールサイドと自分のマークマンの両方を視野に入れるにはあまりに広すぎて、守りにくい。

広すぎて守りにくい

## ●スキップパスを
## 効果的に使う

▼スロットのディフェンスが「ネイル」を埋めて、ポケットゲームを警戒しているのであれば、ステップアップスクリーンを使ったユーザー（ボールマン）はスロットの選手にスキップパスを送る。

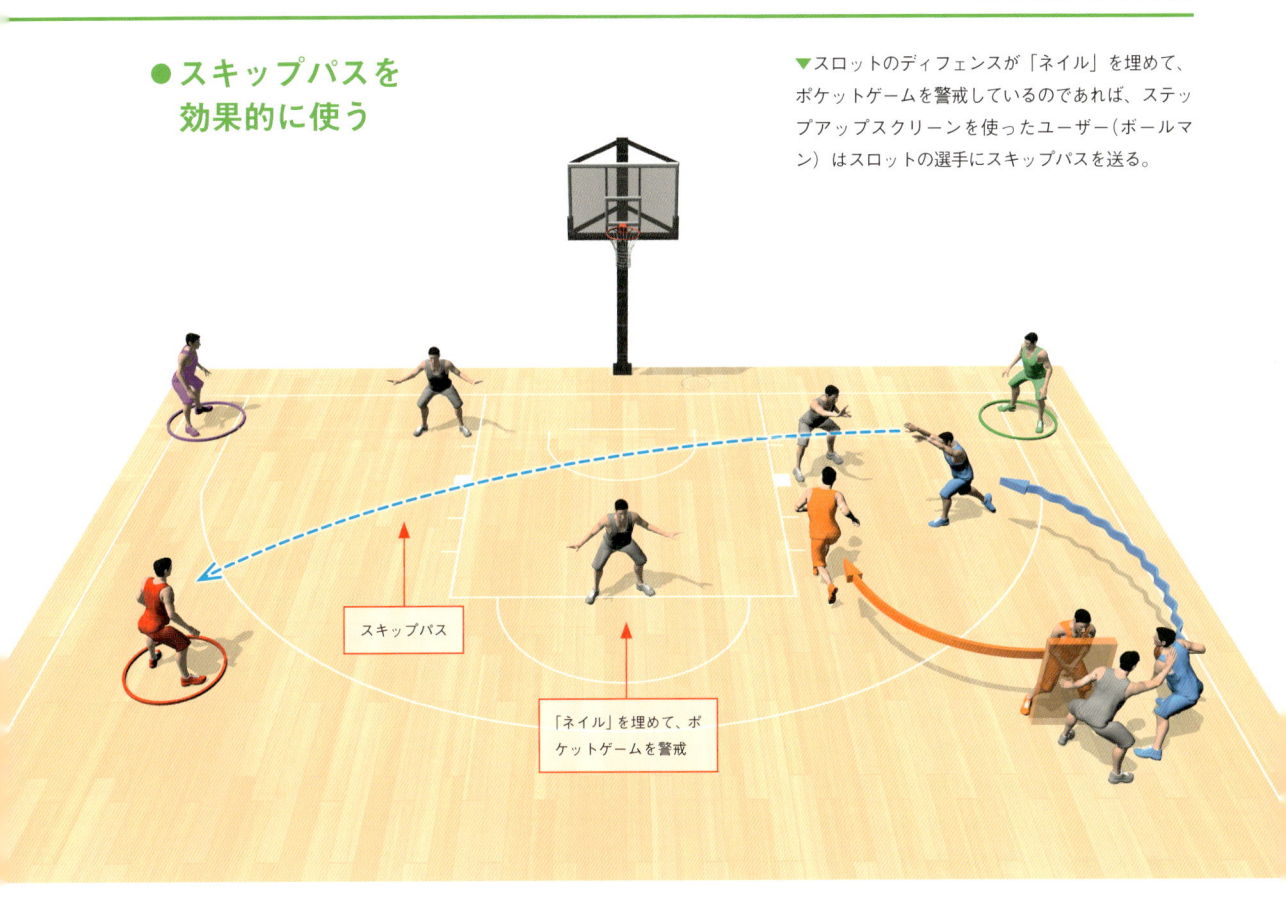

スキップパス

「ネイル」を埋めて、ポケットゲームを警戒

### ボールマンの視点

▼ボールマンはやみくもにポケットゲームだけを実行しようとするのではなく、ヘルプサイドのディフェンスの位置までしっかりと見て、パスの出しどころを選択する。

第 4 章

# ピック＆ロール（エルボー）

世界基準のピック&ロールのポイント（実行する位置）をより細分化し、
サイドとトップの間で行うピック&ロール。
相手チームの守り方に対する基本的な攻め方や、
それを行うために身につけておきたいスキル、
ユーザー（ボールマン）やロールしたスクリーナーの視点などを紹介する。

# ３つの基本的なポジショニング

▶ ４番ポジション（パワーフォワード）をいかに配置するか

エルボーでのピック＆ロールを使うときには４番ポジション、つまりパワーフォワードの配置によって、さまざまな攻め方ができる。パワーフォ ワードのスキルなどによって使えるプレーは限定されることもあるが、ここでは基本的な３つの形を使って紹介したい。

## ▶ ４ハイフロント（4HF）

▼「４ハイフロント」の「４」は４番ポジション、つまりパワーフォワードを示す。「ハイフロント」とは、ボールマンの前方、ヘルプサイドの高い位置に立つことを示す。その他の選手の立ち位置は図の通り。

4番ポジション

## ▶ ４バックコーナー（4BC）

▼「４バックコーナー」の「４」は同じように４番ポジション、パワーフォワードを示す。「バックコーナー」とは、ボールマンの後方、ボールサイドのコーナーに立つことを示す。

4番ポジション

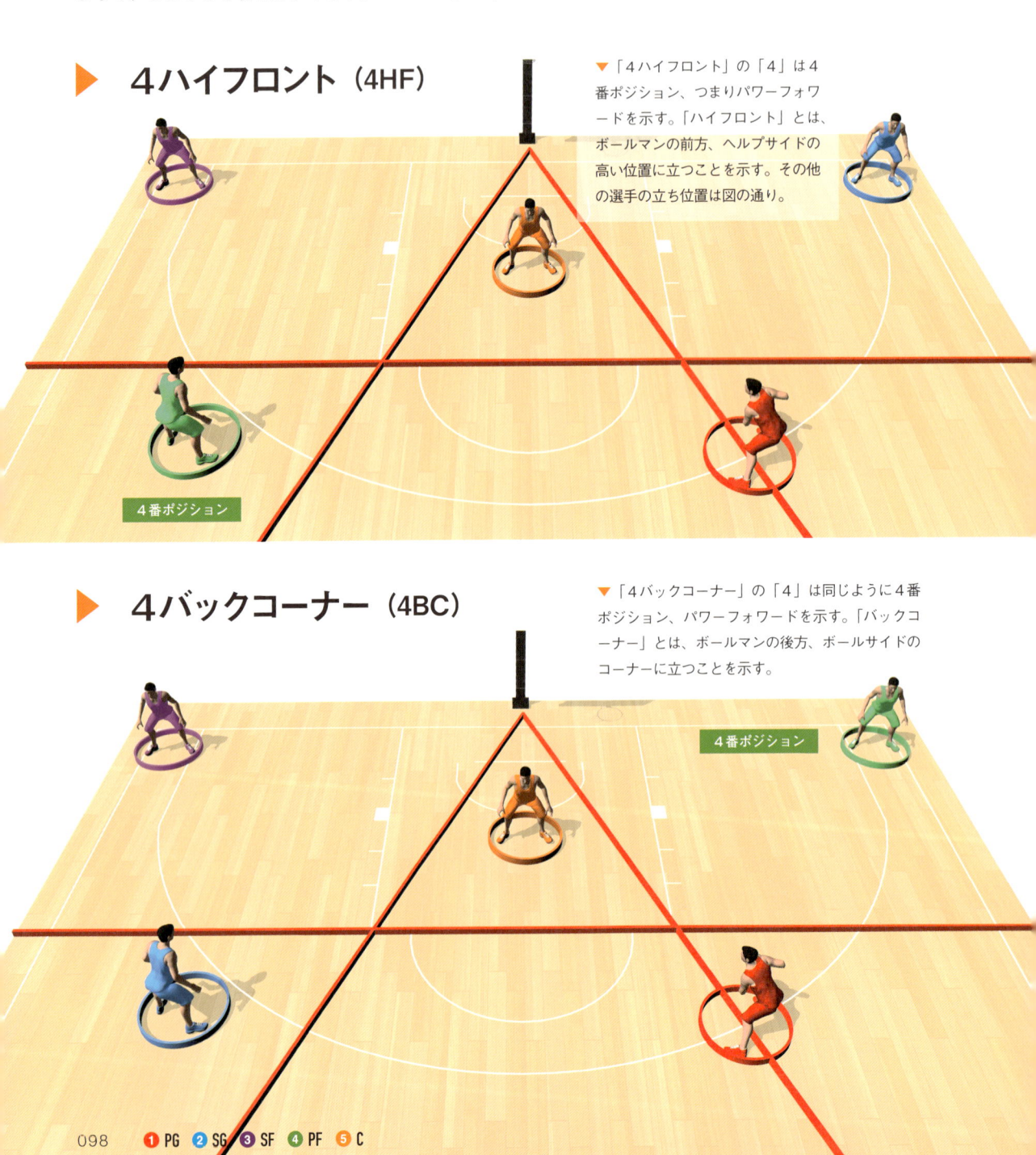

# ▶ 4フロントコーナー（4FC）

▼「4フロントコーナー」の「4」は同じように4番ポジション、パワーフォワードを示す。「フロントコーナー」とは、ボールマンの前方、ヘルプサイドのコーナーに立つことを示す。

4番ポジション

## ● ④ がシューターでないとき

▼エルボーのピック & ロールでは ④ （PF）が3ポイントシュートを打てる選手であることが望ましい。ただし3ポイントシュートを打てないときでも、4FCであればデッドローに立つことでプレーを展開できる。

4番ポジション

# 16 4ハイフロント（4HF）

▶ 4番ポジションをヘルプサイドのスロットに配置して攻める

▶ 対コンテイン
ダイブ＆リフト

▼エルボーのポジションにいるボールマンに対して、ヘルプサイドのローポストにいたビッグマンがスクリーンをセットして、ピック＆ロールを狙う。

ダイブ

▼ビッグマンのダイブに対して、コーナーのディフェンスがヘルプに寄る可能性がある。その場合はコーナーにいた❸がウイングポジションに上がってくる。これを「リフト」と呼ぶ。チャンスがあればシュートを狙う。

point of view
## ボールマンの視点

▶ピック＆ロールからダイブしたスクリーナーに対して、コーナーのディフェンスが寄ってきているのが見えたら、コーナーからリフトしてくる❸が空く。2つの局面を視界に入れ、次のプレーを判断する。

リフトしてくる
❸が空く

hint
## ヒント

# 配置を変えてみる

▼3番ポジションの選手がコーナーにいることで、ピック＆ロールでスクリーナーがダイブしたときに、3番のディフェンスが寄って攻めにくくなる。であれば、たとえばユーザー（ボールマン）を3番にして、コーナーに1番を配置したらどうだろう？　スクリーナーのダイブに対して1番のディフェンスがヘルプにきても、サイズのミスマッチが起こるのでチャンスは広がる。このように自チームと相手チームの特徴に応じて、配置を変えてみてもいい。

3番ポジション

## ● 4ハイフロントに展開

▼スクリーンを使ったユーザー（ボールマン）に❹のディフェンスがヘルプにきたら、❹にパスを出す。シュートも打てるし、そこからダイブしたスクリーナーにパスを出すこともできる。❹にはパス能力が求められる。

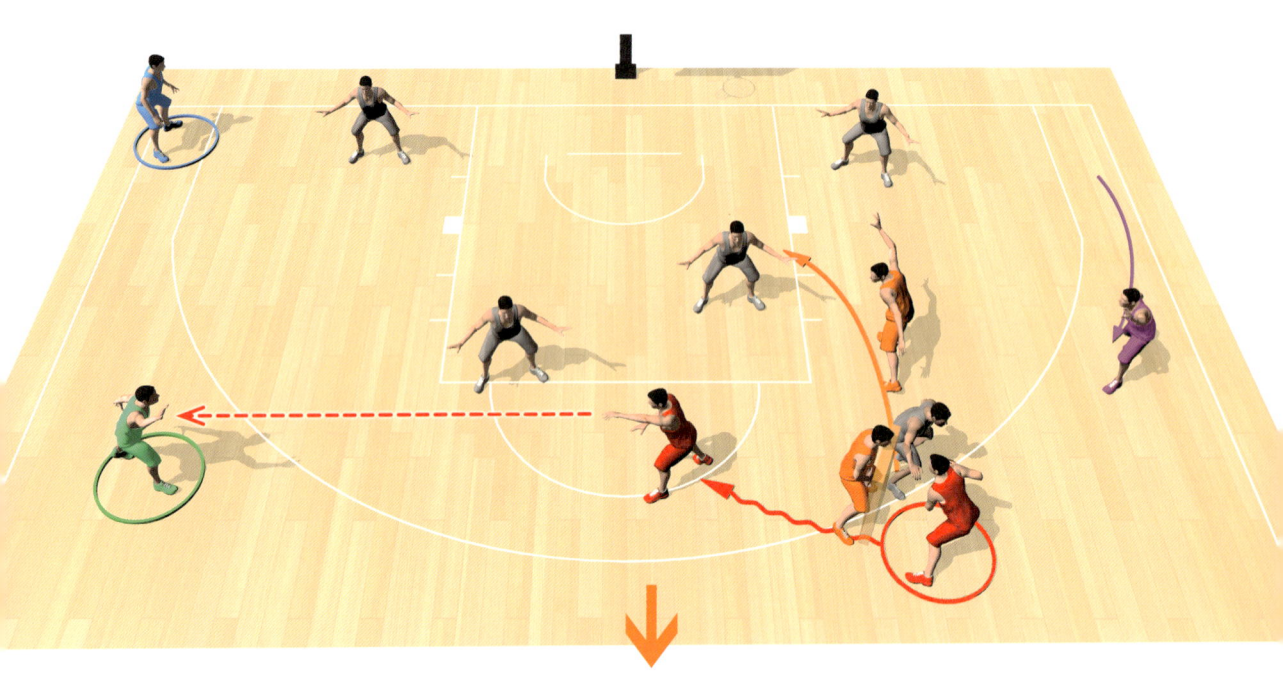

## ▶ 求められる4番ポジションのパス能力
## ① "裏のスペース" へのパス

▼ボールマンからパスを受けた❹がダイブした❺にパスを出そうとするとき、そのディフェンスが❺のフロントを抑えた。このとき❺のディフェンスの上を越して、❺に届けるパスの能力が求められる。

❺のフロントを抑える

▼ボールマン④が見るべきポイントは、ヘルプサイドのコーナーからウイングにリフトした③のディフェンスの位置。そのディフェンスが③の動きにつられたら、ビッグマンの裏側が空いているはず。その空間にパスを出そう。

ビッグマンの裏側が空いている

ディフェンスがリフトの動きにつられる

ターゲットハンドを挙げておく

**Point**

## 5番ポジションの選手はしっかりシール

▶裏パスを受ける⑤は、自分のフロントを抑えたディフェンスにぴったりと体をつけて（シール）、動けないようにさせて、裏へのパスを要求する。このときターゲットハンドを挙げておくとボールマンにもわかりやすい。

## ▶ ②ヘルプサイドへのスキップパス

▼❺の裏のスペースに❸のディフェンスがヘルプに寄っていたら、❹はヘルプサイドのウイングにリフトしていた❸に、強くて速いスキップパスを出す。

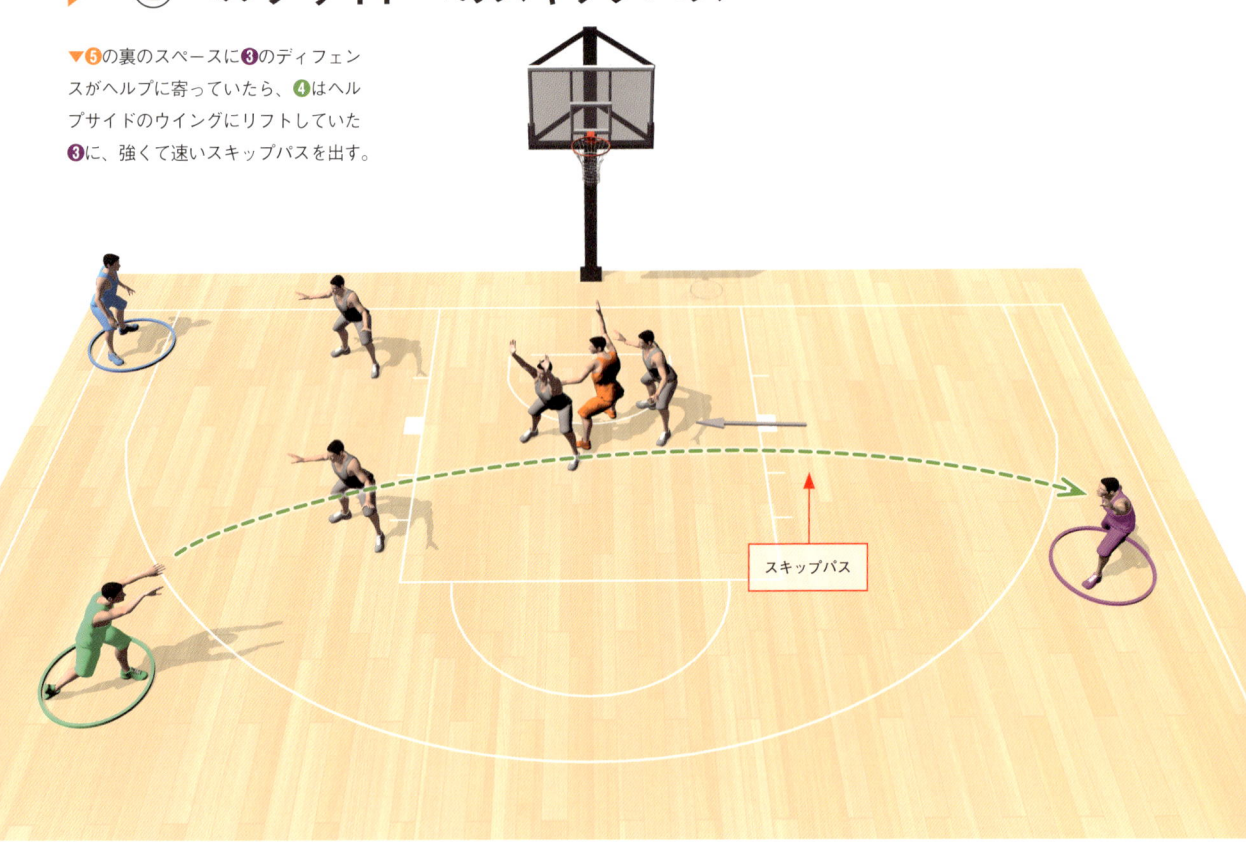

スキップパス

❹の視点

▼パスを出す能力と、状況を見る能力は常にリンクしている。この場合も❺の裏のスペースにヘルプにきている❸のディフェンスを見つけながら、視界の端にパスを要求している❸をとらえておきたい。

# ③ ディフェンスのミスを見逃さない

▼ディフェンスの集中力が欠けていて、❺がディフェンスの前でシールできたら、❹はそこへパスを出してもよい。ただし1対1の状況になるので、その関係性（どちらが優位か）も頭に入れて判断したい。

ディフェンスの前でシール

point of view

❹の視点

▶力の差がないようなビッグマン同士の1対1であれば、ゴール前でシールをしたビッグマンに迷わずパスを出す。ビッグマンは1対1を仕掛け、もしアウトサイドからヘルプがきたらキックアウト（アウトサイドにパス）。

## コンテインに対する
## 継続性のある攻撃（ドリブルハンドオフ［DHO］）

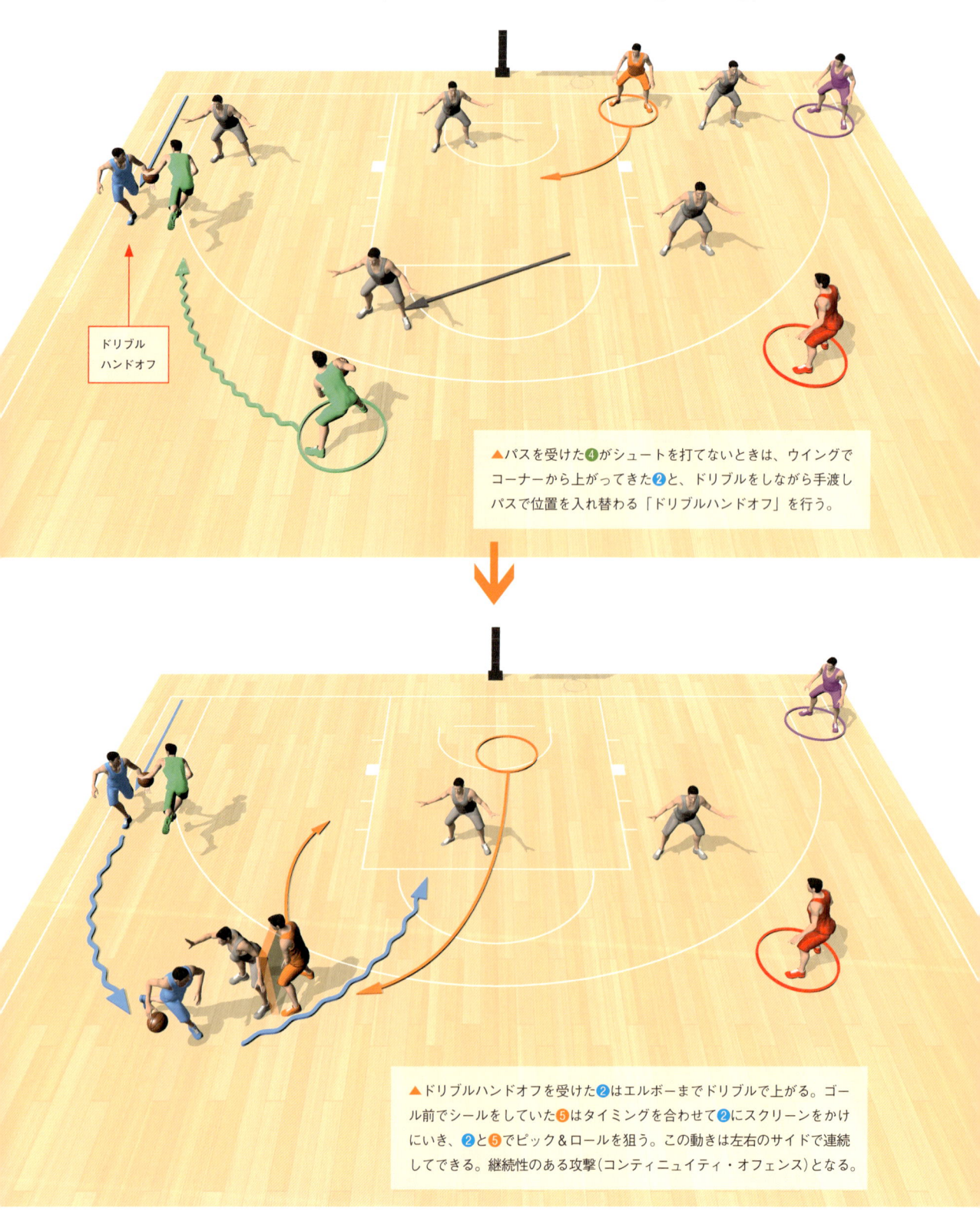

ドリブル
ハンドオフ

▲パスを受けた❹がシュートを打てないときは、ウイングで
コーナーから上がってきた❷と、ドリブルをしながら手渡し
パスで位置を入れ替わる「ドリブルハンドオフ」を行う。

▲ドリブルハンドオフを受けた❷はエルボーまでドリブルで上がる。ゴー
ル前でシールをしていた❺はタイミングを合わせて❷にスクリーンをかけ
にいき、❷と❺でピック＆ロールを狙う。この動きは左右のサイドで連続
してできる。継続性のある攻撃（コンティニュイティ・オフェンス）となる。

# 対アイス（ハイエルボー）

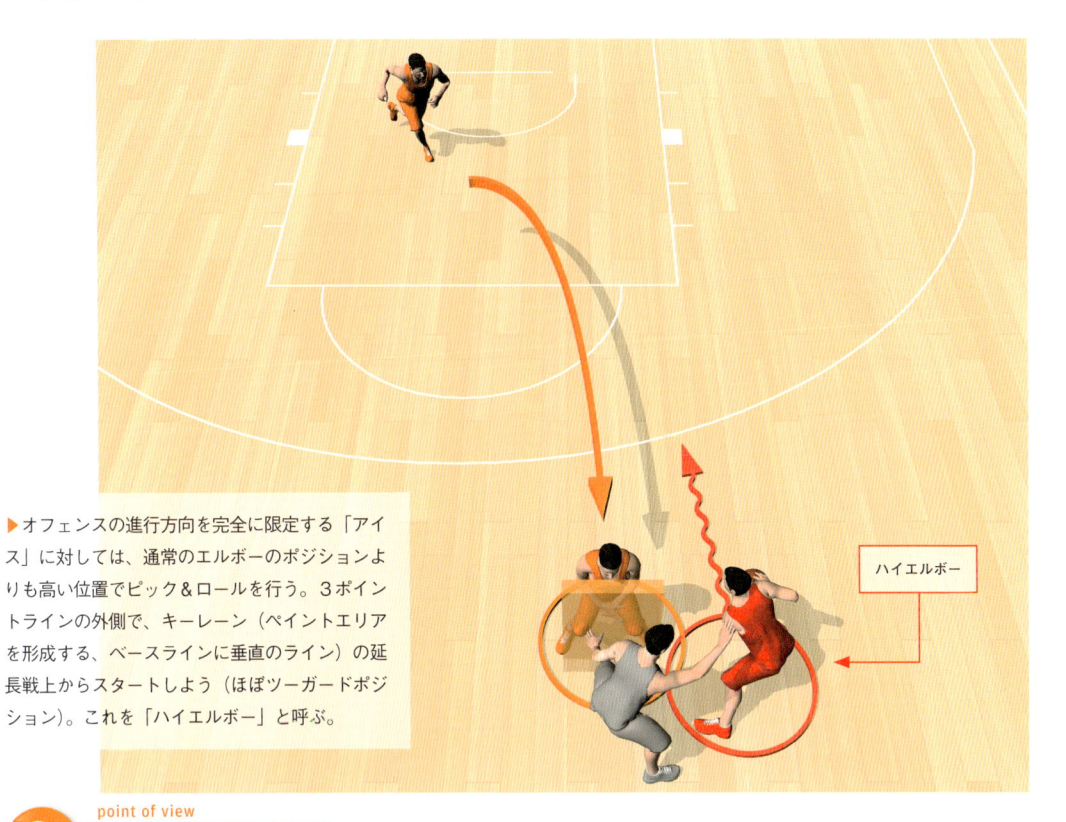

▶オフェンスの進行方向を完全に限定する「アイス」に対しては、通常のエルボーのポジションよりも高い位置でピック＆ロールを行う。3ポイントラインの外側で、キーレーン（ペイントエリアを形成する、ベースラインに垂直のライン）の延長戦上からスタートしよう（ほぼツーガードポジション）。これを「ハイエルボー」と呼ぶ。

ハイエルボー

## point of view
## ボールマンの視点

**NG**

**GOOD**

スペースが広い

▲同じサイドのコーナーにも選手を置いているため、ステップアップスクリーンを使ってドライブを仕掛けても、攻めるスペースが狭くなってしまう。

▲ハイエルボーからスタートすることで、コーナーに味方がいても、ステップアップスクリーンからドリブルで攻めるスペースは広くなる。

# ▶ 対アイスの基本的なピック ＆ ロール

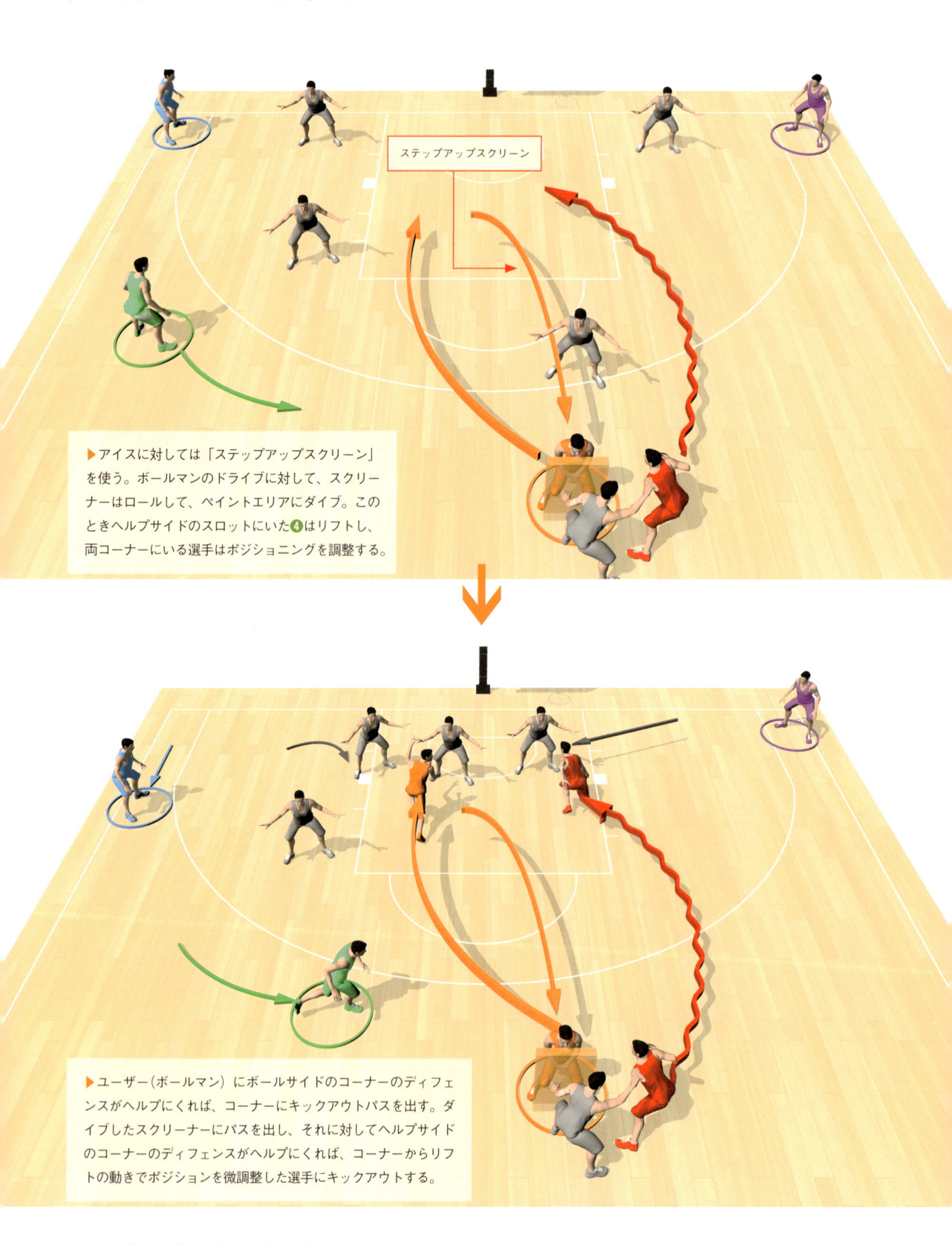

ステップアップスクリーン

▶アイスに対しては「ステップアップスクリーン」
を使う。ボールマンのドライブに対して、スクリー
ナーはロールして、ペイントエリアにダイブ。この
ときヘルプサイドのスロットにいた❹はリフトし、
両コーナーにいる選手はポジショニングを調整する。

▶ユーザー（ボールマン）にボールサイドのコーナーのディフェ
ンスがヘルプにくれば、コーナーにキックアウトパスを出す。ダ
イブしたスクリーナーにパスを出し、それに対してヘルプサイド
のコーナーのディフェンスがヘルプにくれば、コーナーからリフ
トの動きでポジションを微調整した選手にキックアウトする。

## ボールマンの視点

▼ステップアップスクリーンを利用したユーザー（ボールマン）はゴールを狙いつつ、ビッグマンのディフェンスが近ければダイブしたスクリーナーにバウンズパス。コーナーのディフェンスがヘルプにきたら、コーナーにキックアウトパスを出す。

## ロールした選手の視点

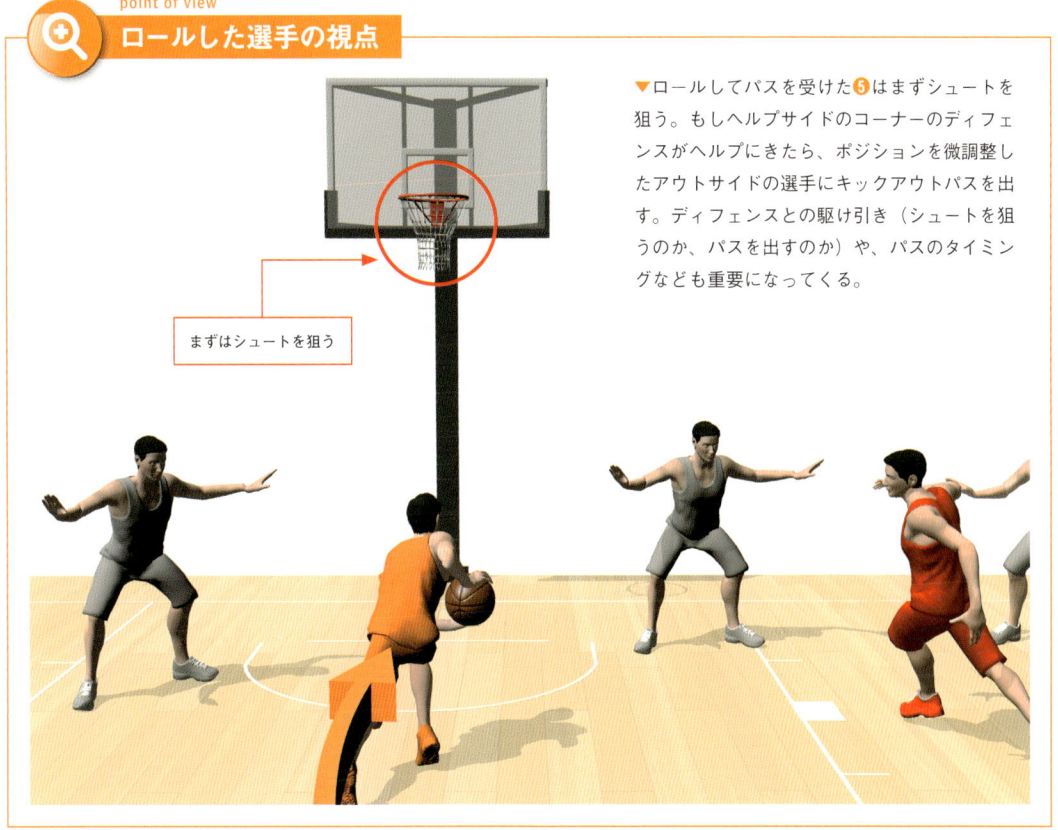

まずはシュートを狙う

▼ロールしてパスを受けた❺はまずシュートを狙う。もしヘルプサイドのコーナーのディフェンスがヘルプにきたら、ポジションを微調整したアウトサイドの選手にキックアウトパスを出す。ディフェンスとの駆け引き（シュートを狙うのか、パスを出すのか）や、パスのタイミングなども重要になってくる。

# ▶ アイスに対する 継続性のある攻撃（ドリブルハンドオフ［DHO］）

ドリブル ハンドオフ

▲スロットでパスを受けた❹がシュートを打てないときはウイングでコーナーから上がってきた❷と、ドリブルをしながら手渡しパスで位置を入れ替わる「ドリブルハンドオフ」を行う。

ステップアップスクリーン

▲ボールを受けた❷はそのままドリブルでハイエルボーに行く。それと同時にゴール前でシールしていた❺がステップアップスクリーンをかけて、ピック＆ロールを行う。この動きは左右のサイドで連続してできる継続性のある攻撃（コンティニュイティ・オフェンス）となる。

## アイスをピック & ポップで攻略する

ローポストにカット

▲スクリーナーがアウトサイドシュートを得意とするビッグマンであれば、ピック & ポップを使う方法もある。このときはピック & ロールが始まると同時に、ハイフロントに立っていた❹が逆サイドのローポストにカットする。

ポップ

▲スクリーナーはポップして、ユーザー（ボールマン）からパスを受ける。この動きはコート上の状況に応じてというより、チームで決めておき、ポイントガードがコールしてから始める。

# ▶ ドリブルハンドオフから
# 次のピック＆ロールに行くまでのドリブル

▼ハンドオフでボールを受けた選手はドリブルでハイエルボーまで進む。このとき2回のドリブルでハイエルボーまで進み、3回目のドリブルで方向転換をしてゴールに向く。同時にステップアップスクリーンがセットされるので、4回目のドリブルでスクリーンを使って、アタックする。5回以上ドリブルをしてしまうと、ディフェンスが体勢を整えるので攻めにくくなってしまう。

ドリブルハンドオフ

1回目

## point of view
## ボールマンの視点

▶相手はアイスで守ってくるチームなので、低い位置でピック＆ロールをしようとしても、スペースが狭い。

NG

▶ドリブルでハイエルボーに上がることで（ドリブルをやめてはいけない）、ステップアップスクリーンに対して広いスペースを使って、攻めることができる。

広いスペース

GOOD

❶ PG　❷ SG　❸ SF　❹ PF　❺ C

## リバースターンは ▲

▼方向転換ではリバースターンという選択肢もある。自分のディフェンスを背にする分、ボールを奪われにくいが、周りの状況から目を離すことになるので、素早い対応ができなくなる。

4回目

2回目

3回目

レッグスルーで方向転換

**Point**

## 方向転換は
## レッグスルーがベター

▶３回目のドリブルで方向転換をするときは、レッグスルーがベター。自分のディフェンスや周りの状況から目を離すことなく、方向転換ができるからだ。

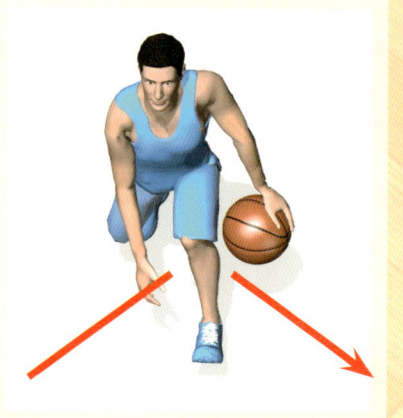

# ▶ 対ハードショー

▼エルボーのピック＆ロールはハードショーで守るチームに対して有効である。なぜならボールマンがハードショーに対して横に飛び出したとき、ハイフロントにいる❹にパスを出しやすいからだ。パスのアングル（角度）的にも、距離的にもパスを出しやすい。

❹にパスを出しやすい

ダイブ

▲ハイフロントの❹は、ダイブしたビッグマンにパスを出すことができるし、自分のディフェンスがヘルプに寄っていたらシュートを打つこともできる。

## ハードショーに4ハイフロントが有効な理由

### ④がバックコーナーの場合

▼エルボーのピック＆ロールをハードショーで守るチームには「4ハイフロント」が有効である。もし4番ポジションがバックコーナーにいたら、ビッグマンのダイブを④のディフェンスが守りやすくなる。

4番ポジション

### ④がフロントコーナーの場合

▼フロントコーナーでも同じ。ビッグマンのダイブを、パワーフォワードのディフェンスが守れば、多少のミスマッチはあっても大きな差にはならない。4番ポジションの選手がハイフロントに立てば、ビッグマンのダイブにヘルプするのは❷、❸のディフェンスとなり、ミスマッチの差も大きくなって、攻めやすくなる。

4番ポジション

## パスの種類を正しく選択する

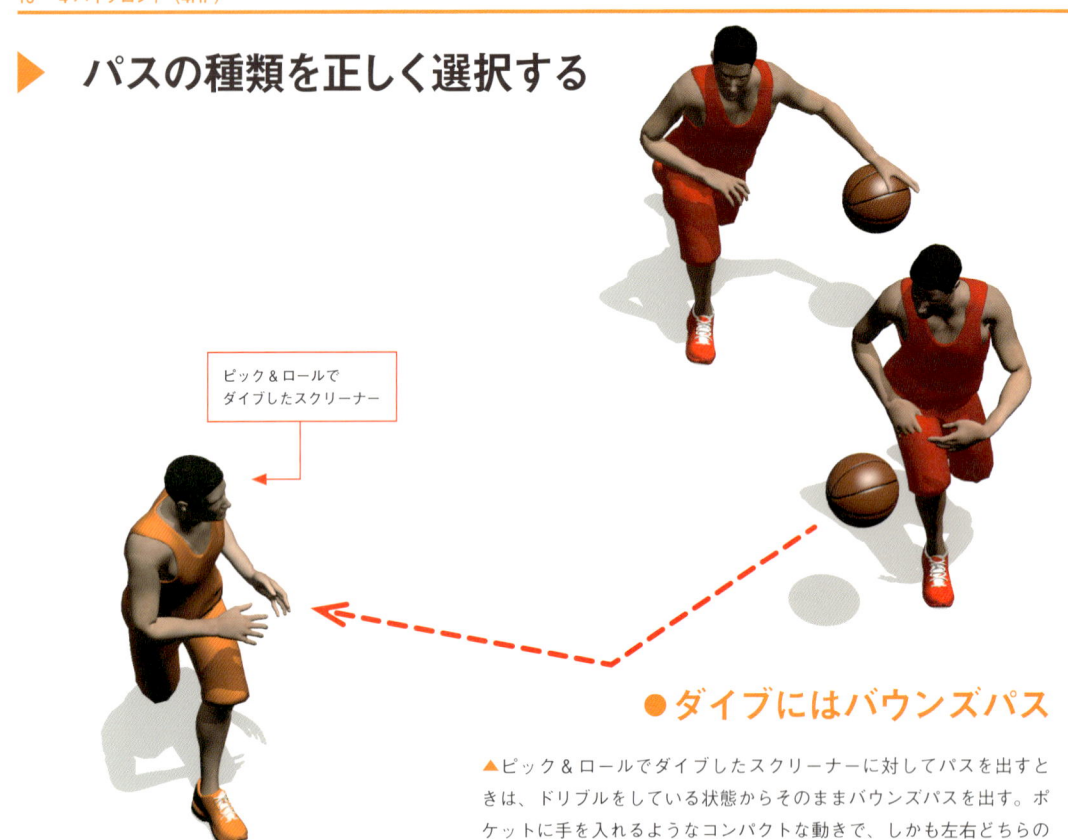

ピック＆ロールで
ダイブしたスクリーナー

### ●ダイブにはバウンズパス

▲ピック＆ロールでダイブしたスクリーナーに対してパスを出すときは、ドリブルをしている状態からそのままバウンズパスを出す。ポケットに手を入れるようなコンパクトな動きで、しかも左右どちらの手でもワンハンドのバウンズパスが出せたら、さらによい。

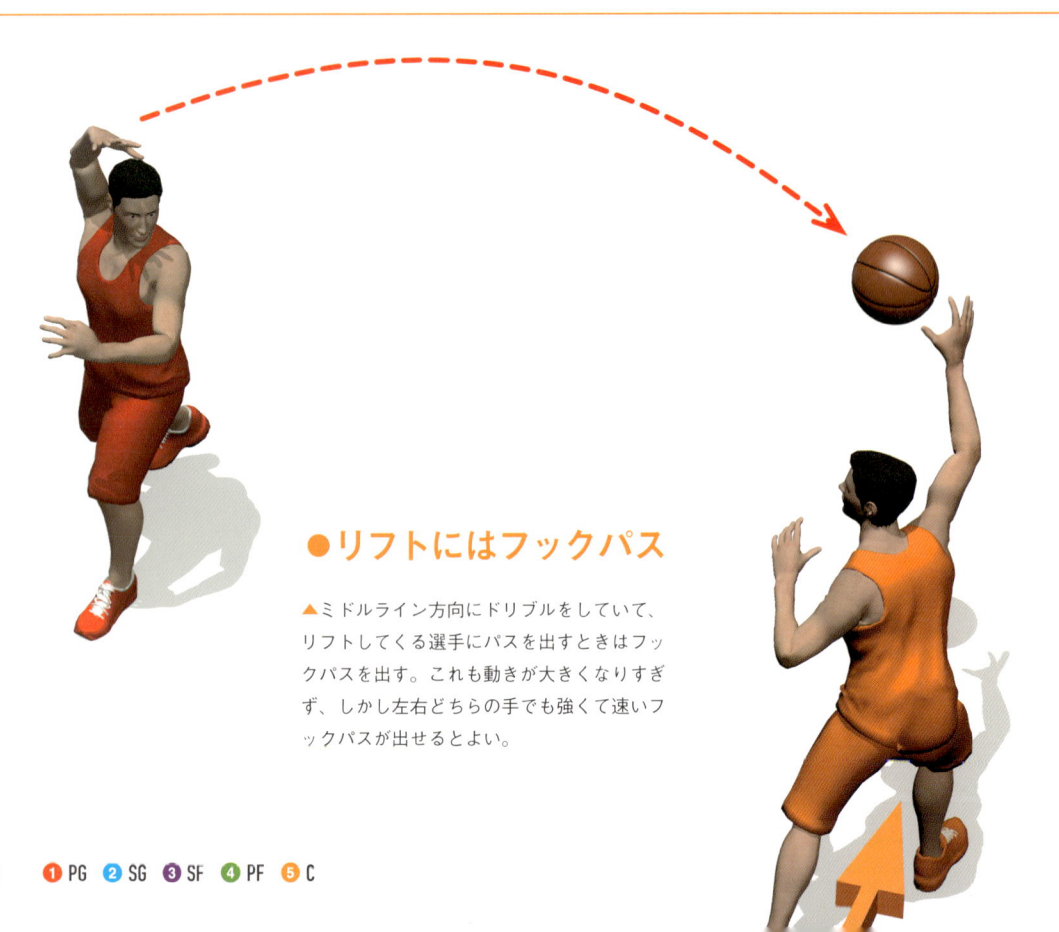

### ●リフトにはフックパス

▲ミドルライン方向にドリブルをしていて、リフトしてくる選手にパスを出すときはフックパスを出す。これも動きが大きくなりすぎず、しかし左右どちらの手でも強くて速いフックパスが出せるとよい。

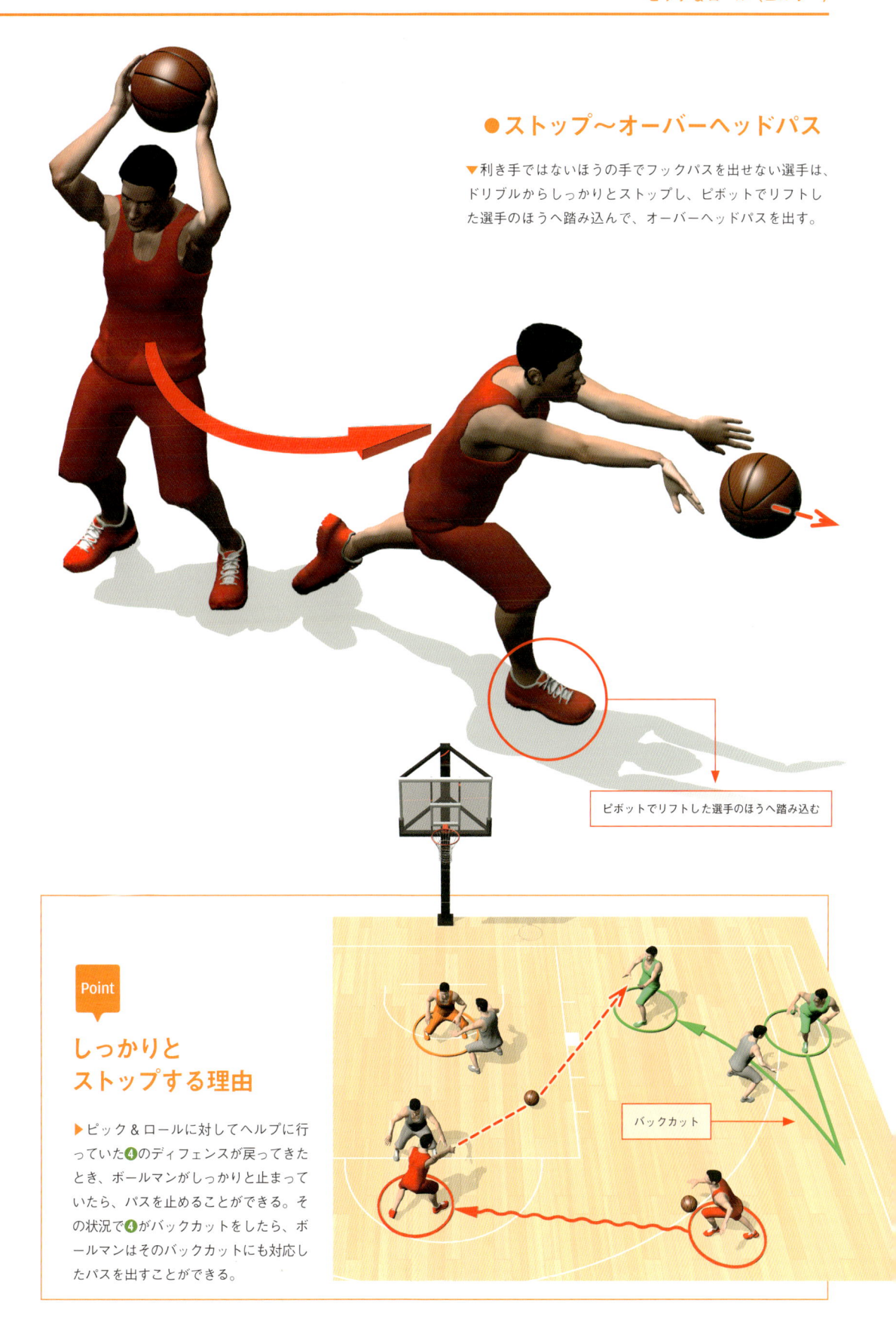

## ●ストップ〜オーバーヘッドパス

▼利き手ではないほうの手でフックパスを出せない選手は、ドリブルからしっかりとストップし、ピボットでリフトした選手のほうへ踏み込んで、オーバーヘッドパスを出す。

ピボットでリフトした選手のほうへ踏み込む

**Point**

## しっかりと
## ストップする理由

▶ピック＆ロールに対してヘルプに行っていた❹のディフェンスが戻ってきたとき、ボールマンがしっかりと止まっていたら、パスを止めることができる。その状況で❹がバックカットをしたら、ボールマンはそのバックカットにも対応したパスを出すことができる。

バックカット

# 17 ４フロントコーナー（4FC）

🔸 ４番ポジションをヘルプサイドのコーナーに配置して攻める

## ▶ コンテインに対する基本的な攻撃

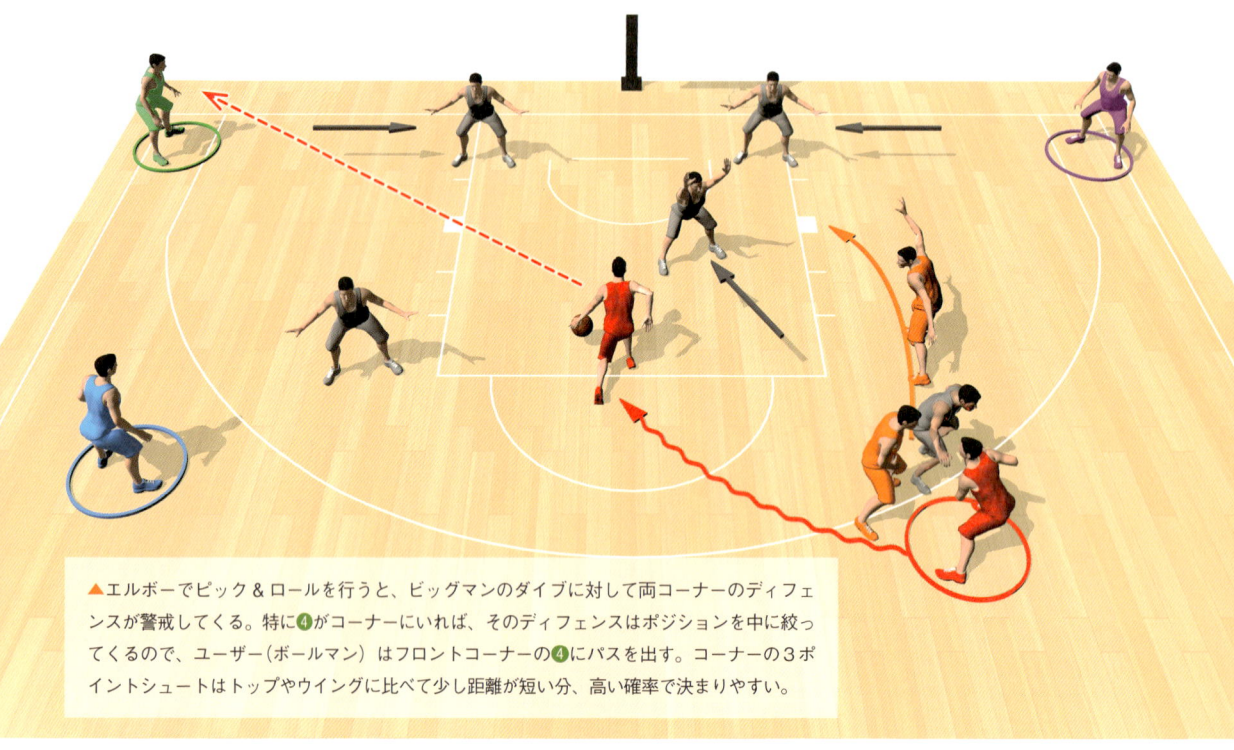

▲エルボーでピック＆ロールを行うと、ビッグマンのダイブに対して両コーナーのディフェンスが警戒してくる。特に❹がコーナーにいれば、そのディフェンスはポジションを中に絞ってくるので、ユーザー（ボールマン）はフロントコーナーの❹にパスを出す。コーナーの３ポイントシュートはトップやウイングに比べて少し距離が短い分、高い確率で決まりやすい。

point of view
### 🔍 ボールマンの視点

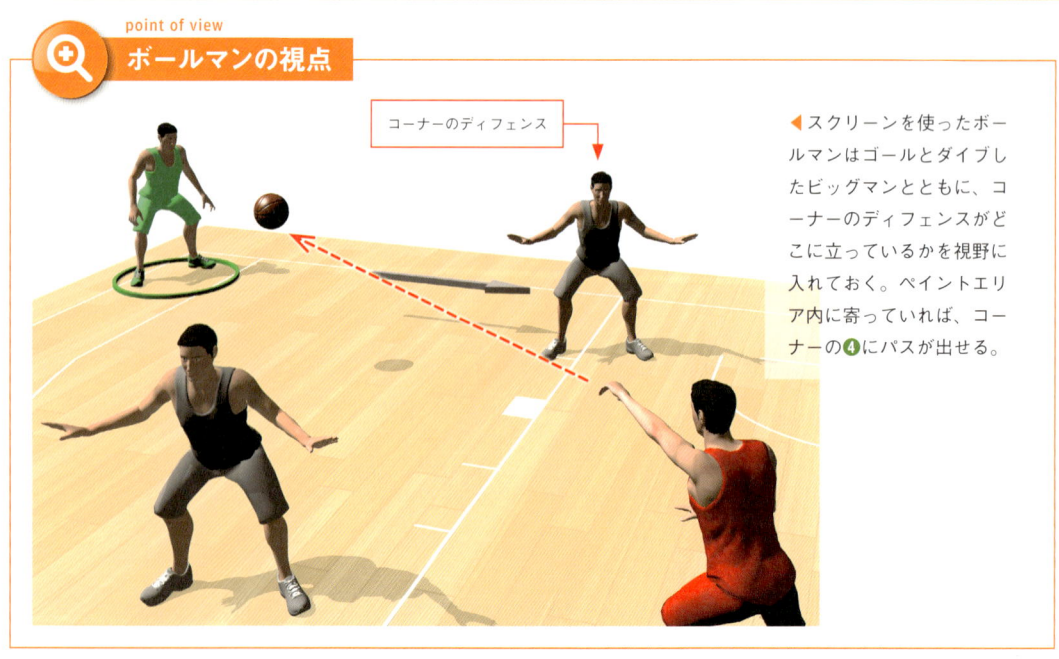

コーナーのディフェンス

◀スクリーンを使ったボールマンはゴールとダイブしたビッグマンとともに、コーナーのディフェンスがどこに立っているかを視野に入れておく。ペイントエリア内に寄っていれば、コーナーの❹にパスが出せる。

## ④がシューターでないとき

### パターン1

▼④にシュートがない場合、コーナーの④にパスを出しても効果はうすい。また、❸のディフェンスが寄っているとピック＆ロールも成立しにくい。そのときユーザー（ボールマン）はコーナーからリフトしてきた❸へフックパスを出す。

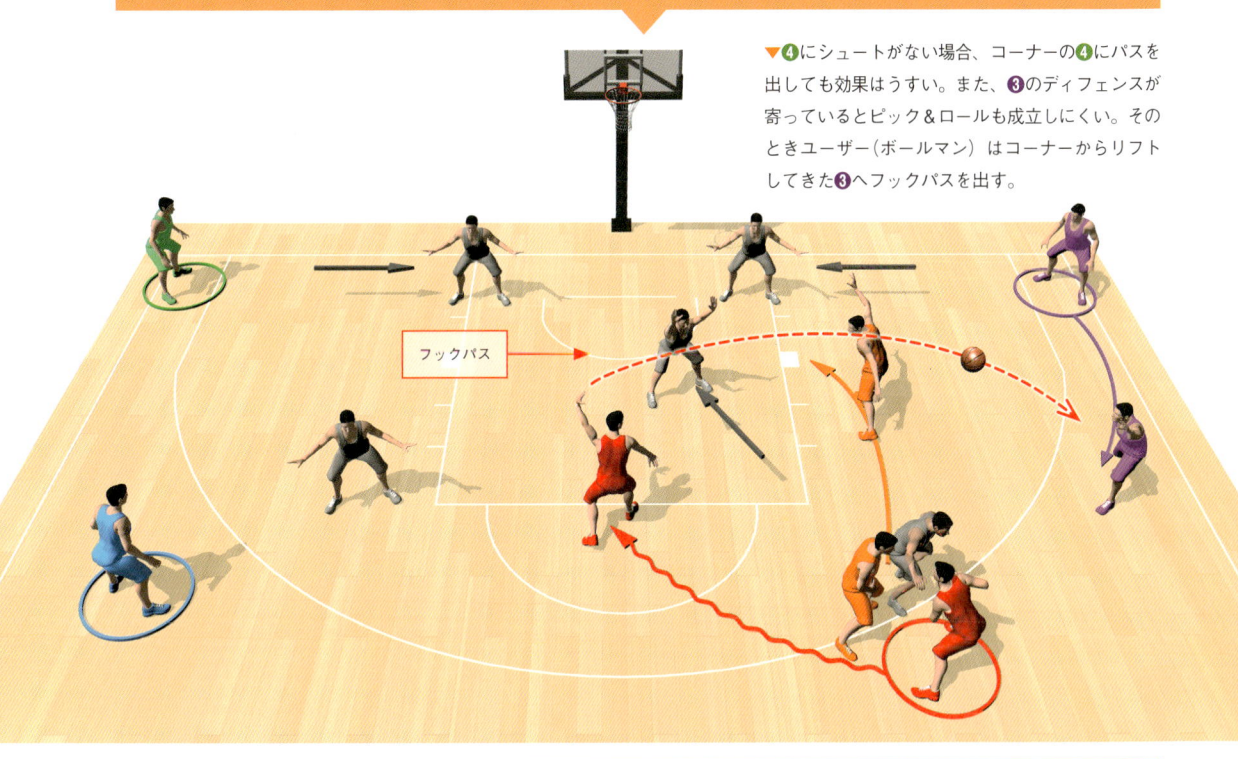

フックパス

### パターン2

▼基本のポジショニングで紹介した通り、④がシューターでなければデッドローに移動することもできる（P99）。このときユーザー（ボールマン）はゴール前でシールした④にパスを出すこともできるし、④がいなくなったコーナーに移動した❷へパスを出すこともできる。

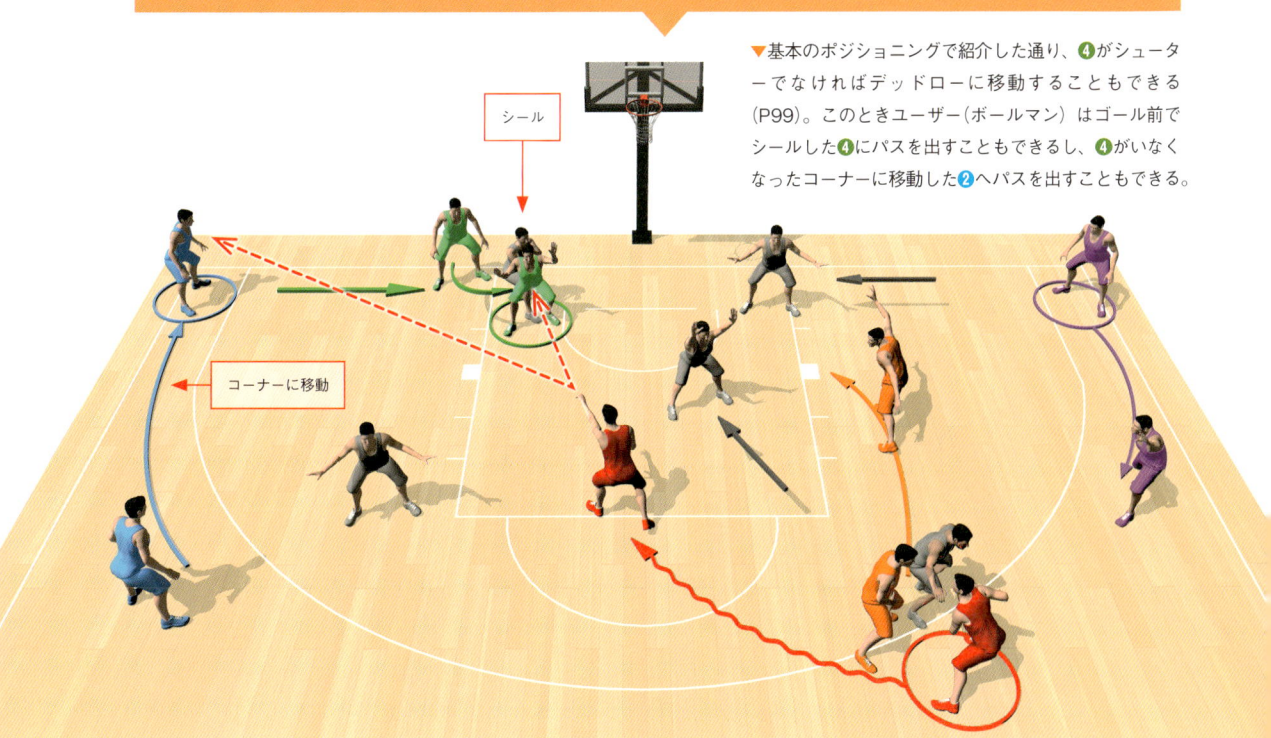

シール

コーナーに移動

ディフェンスの
前でシール

▶自分がシューターでなければ、ディフェンスはダイブしてくるビッグマンを警戒して、ペイントエリア内にポジションを取る。このときはデッドローに移動して、それでもピック＆ロールに注意を向けていたら、ディフェンスの前でシールする。

▶ボールマンには広い間接視野が求められる。ダイブするスクリーナーの❺。それをヘルプする❸のディフェンス、❸のリフト、ゴール前でシールする❹、空いたコーナーへ動く❷、そしてもちろんゴール。それらを見て、一瞬のうちに次のプレーを選択しなければいけない。

## 4 フロントコーナーでの攻撃のバリエーション

▼正しいスペーシングができていれば、攻撃方法はどのようにでも作れる。4フロントコーナーで、ボールマンのドライブに対して❹が❷にフレアスクリーン（コーナー方向へスクリーン）をかける。

フレアスクリーン

▲ボールマンからパスを受けた❷はシュートを打ってもいいし、フレアスクリーンからダイブした❹にパスをすることもできる。4フロントコーナーは、インサイドへの寄りが早くなるため、インサイドへの攻めが多少難しくなるというデメリットもあるが、ヘルプサイドを最大限に使えるメリットもある。

# 18

# 4バックコーナー（4BC）

▶ 4番ポジションをボールサイドのコーナーに配置して攻める

## ▶ コンテインに対する 基本的な攻撃

▼4番ポジションの選手がアウトサイドシュートを打てるなら「4バックコーナー」が有効になる。コンテインに対してピック＆ロールを仕掛けたとき、❹のディフェンスがスクリーナーのダイブを守りに行けば、ウイングにリフトしてきた❹にパスを出して、シュートを狙う。

リフト

point of view
❹の視点①

▼もし❹のディフェンスがインサイドに絞らなければ、ペイントエリア内でシールしている❺へポストフィードする。

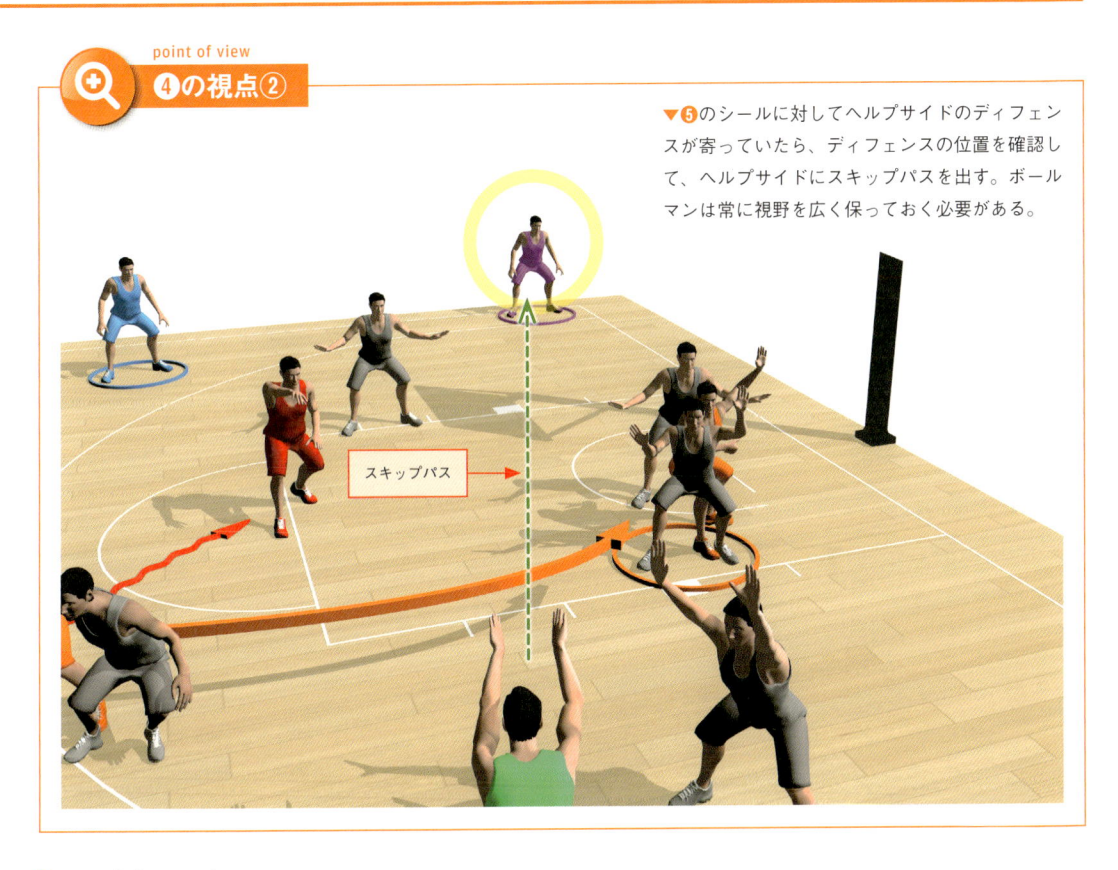

**④の視点②**

▼❺のシールに対してヘルプサイドのディフェンスが寄っていたら、ディフェンスの位置を確認して、ヘルプサイドにスキップパスを出す。ボールマンは常に視野を広く保っておく必要がある。

スキップパス

## ▶ 対アイス

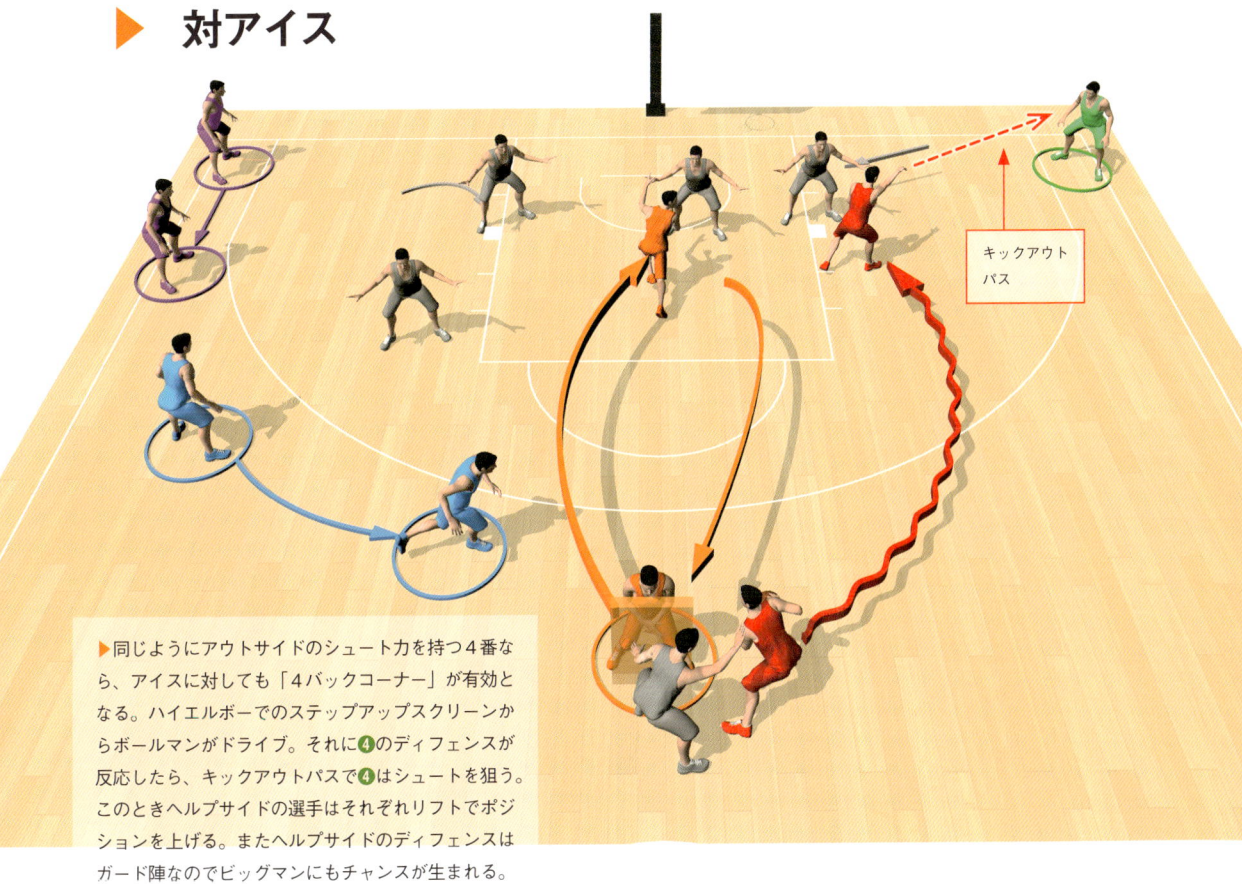

キックアウトパス

▶同じようにアウトサイドのシュート力を持つ4番なら、アイスに対しても「4バックコーナー」が有効となる。ハイエルボーでのステップアップスクリーンからボールマンがドライブ。それに④のディフェンスが反応したら、キックアウトパスで④はシュートを狙う。このときヘルプサイドの選手はそれぞれリフトでポジションを上げる。またヘルプサイドのディフェンスはガード陣なのでビッグマンにもチャンスが生まれる。

# 第5章

# ピック＆ロール（トップ）

「ハイピック」などの呼び名でも知られるトップで行うピック＆ロール。
ボールマンは左右のどちらでも攻められるというメリットがある一方で、
どちらを選ぶかが重要にもなる。
相手チームの守り方に対する基本的な攻め方や、
それを行うために身につけておきたいスキル、
ユーザー（ボールマン）やロールしたスクリーナーの視点などを紹介する。

# 19

# ツーガードバック（2GB）

▶ 攻めたい方向の逆側に２人のアウトサイドプレーヤーを置く

## ▶ コンテインに対して有効

▶トップのピック＆ロールで世界的に多用されているのは、ボールマンがアウトサイドに２人の選手がいないほうへアタックするプレー。ボールマンのドライブをするエリアが広い分、攻撃力のあるガードを生かすことができるからだ。2GBはコンテインに対して有効となる。

アタッキングゾーン

### point of view

## 🔍 ボールマンの視点

▶スクリーナーがアウトサイドに２人の選手を配置していないほうに立つことで、ボールマンはそのスクリーンを使えば、広いスペースを攻めることができる。

広いスペース

## ●ボールマンのアタックに対するリアクト

▼ボールマンがスクリーンを利用して
アタックしたとき、ヘルプサイドの❷、
❸はそれぞれトップとウイングにリフ
トする。ただしディフェンスの位置を
見て、動くポジションを微調整する。
ボールマンはシュートを打てなければ、
パスを出す。パスを出した後は再びス
ペーシングを取ることが重要。

再びスペーシングを取る

リフト

リフト

ヘルプサイドの
ディフェンス

### point of view
### ボールマンの視点

▶2GBではダイブに対してヘル
プサイドのディフェンスが寄りや
すい。ボールマンはヘルプサイド
のディフェンスもよく見て、次の
プレーを判断する。

# ツーガードフロント（2GF）

▶ 攻めたい方向に2人のアウトサイドプレーヤーを置く

## ▶ ビッグマンを使うのに有効

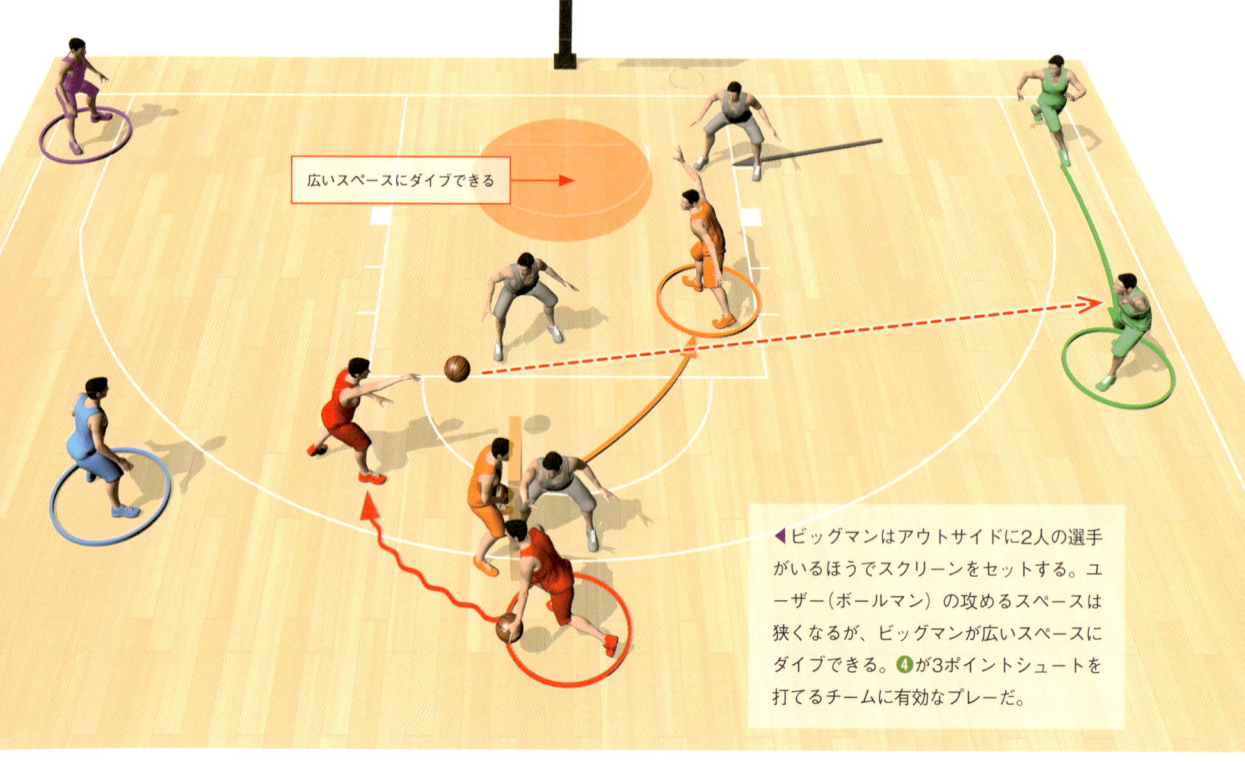

広いスペースにダイブできる

▶ビッグマンはアウトサイドに2人の選手がいるほうでスクリーンをセットする。ユーザー（ボールマン）の攻めるスペースは狭くなるが、ビッグマンが広いスペースにダイブできる。**4**が3ポイントシュートを打てるチームに有効なプレーだ。

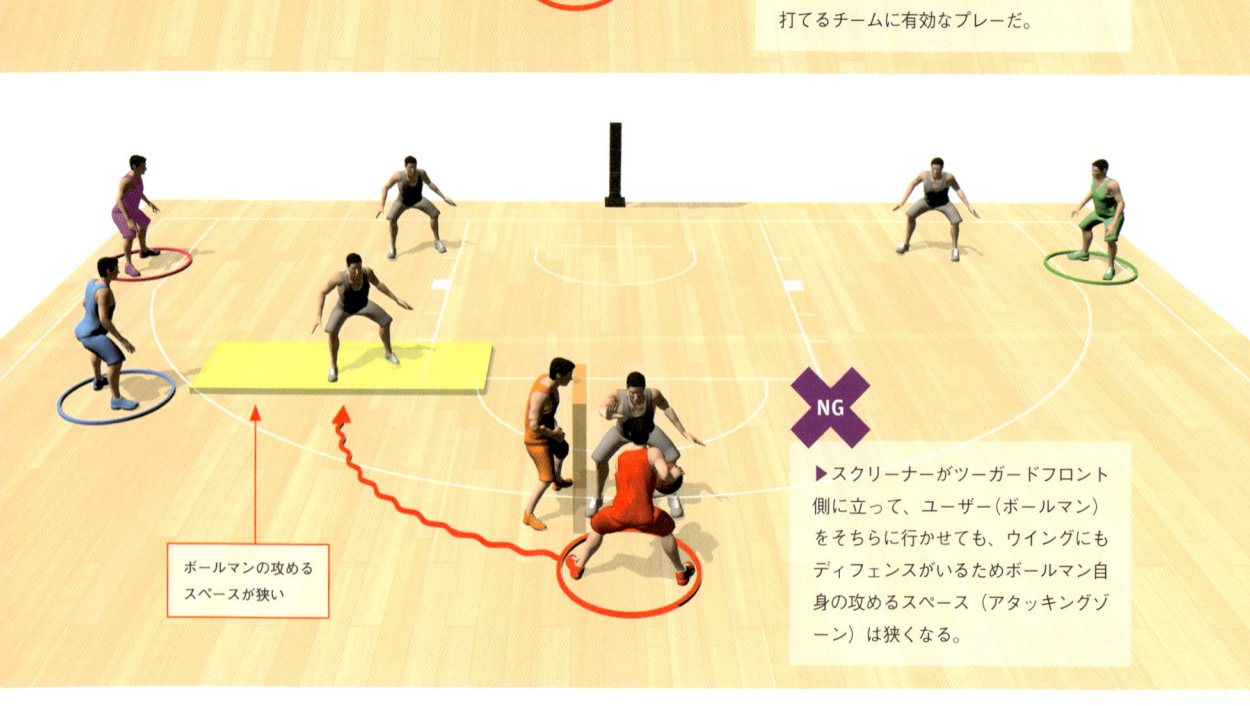

ボールマンの攻める
スペースが狭い

**NG**

▶スクリーナーがツーガードフロント側に立って、ユーザー（ボールマン）をそちらに行かせても、ウイングにもディフェンスがいるためボールマン自身の攻めるスペース（アタッキングゾーン）は狭くなる。

## point of view
### ボールマンの視点

▼ユーザー（ボールマン）はダイブする選手の動きを見ながら、その奥でヘルプにくる選手も見ておく必要がある。ヘルプがきていたら、リフトした選手にパスを出す。

ディフェンスがヘルプにくる

ダイブする選手

リフトした選手

## hint
### ヒント

# 配置を変えてみる

2番ポジション

▲同じ攻め方でも選手の配置を変えることでプレーも変わってくる。たとえば2番ポジションの選手をヘルプサイドのコーナーに配置する。ビッグマンのダイブに対してヘルプにくるのが❷のディフェンスになるため、ビッグマンも生かせるし、シューターも生かしやすくなる。

# ▶ ハードショーに 対して有効

ストレッチドリブルでボールを奪われないようにする

◀ツーガードフロントは、相手がハードショーでスクリーンを守ってくるときに有効となる。近い位置にオフェンスがいるからだ。ボールマンはハードショーに対してストレッチドリブルでボールを奪われないようにする。

ダイブ

アンダーハンドパス

◀ドリブルからそのまま②へアンダーハンドパスを送る。②はそのボールをダイブしたビッグマンにパスするなど、②を経由することでビッグマンのダイブを生かすこともできる。

# ●ヘルプサイドからのダイブ

シュートを打つ

アンダーハンドパス

◀ユーザー（ボールマン）からボールサイドの
ウイング❷へパス。❷はダイブしたビッグマン
にパスを出そうとするが、そこへパスを出せな
い。そのときは、ヘルプサイドのウイングにリ
フトしてきた❹がフリースローライン近辺に走
り込んでパスを受け、シュートを狙う。

ハイロープレー

▶ダイブしていたビッグマンがゴール前でシール
していたら、ハイロープレーに展開してもよい。

# ●リフトを経由する

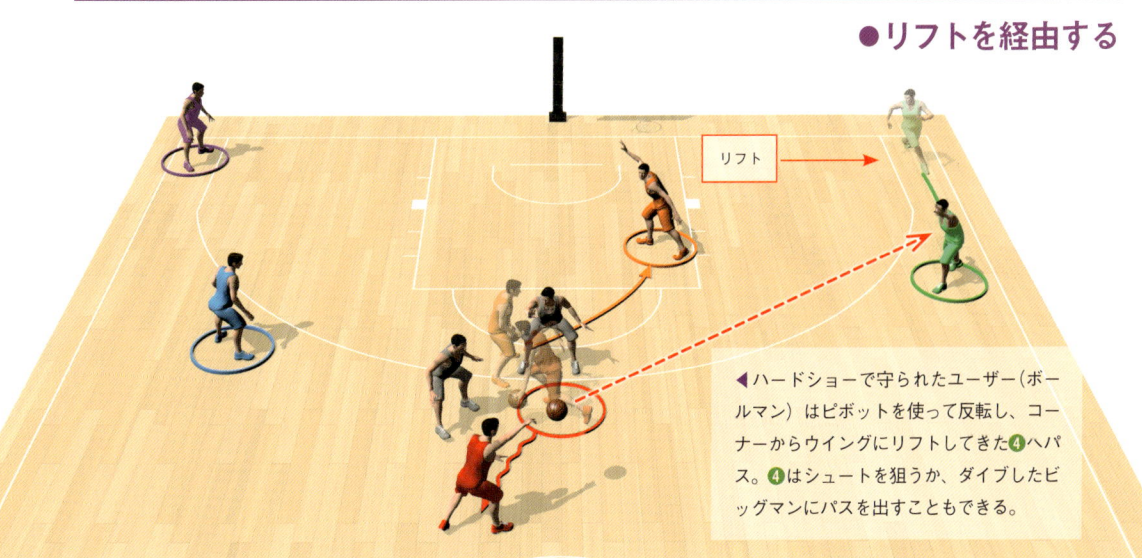

リフト

◀ハードショーで守られたユーザー（ボー
ルマン）はピボットを使って反転し、コー
ナーからウイングにリフトしてきた❹へパ
ス。❹はシュートを狙うか、ダイブしたビ
ッグマンにパスを出すこともできる。

# 21 パトロール

> ● 左右どちらのアタックにも対応できるプレー

## ▶ 対コンテイン

ゴールの真裏、エンドラインの外

▲パトロールでは❷、❸を両コーナーに置き、❹はゴールの真裏、エンドラインの外で待機する。❺がトップでスクリーンをセット、ショートロールしたとき、❹はボールサイド（ボールマンが進む方向）のショートコーナーに出る。あまり高い位置（ミドルポストあたり）まで出すぎると、ドリブルしてきたボールマンとぶつかるので、ショートコーナーがベスト。

### point of view
### 🔍 ❹の視点

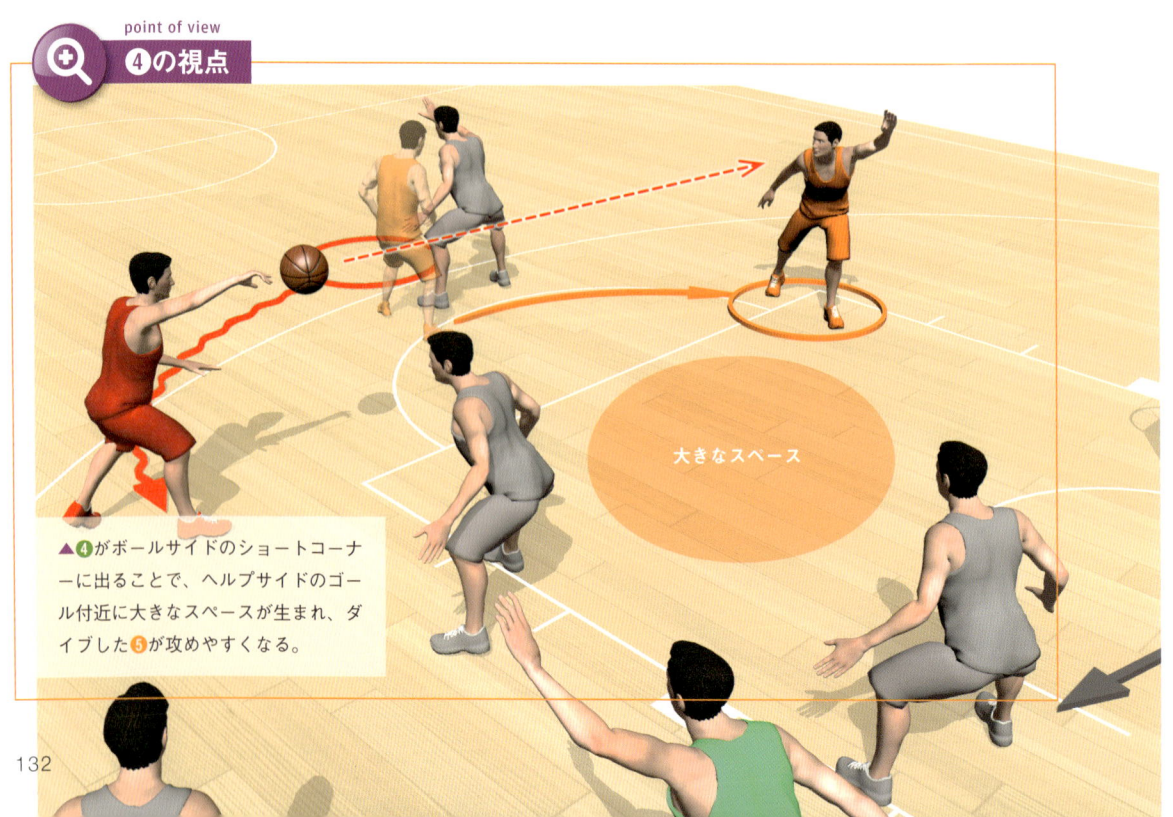

大きなスペース

▲❹がボールサイドのショートコーナーに出ることで、ヘルプサイドのゴール付近に大きなスペースが生まれ、ダイブした❺が攻めやすくなる。

## ▶ ボールマンの選択肢

### ①ヘルプサイドへの<br>　スキップパス

▼❺のショートロールにヘルプサイドのコーナーにいた❸のディフェンスが寄ってきたら、ユーザー（ボールマン）はコーナーにリフトした❸へスキップパスを出す。

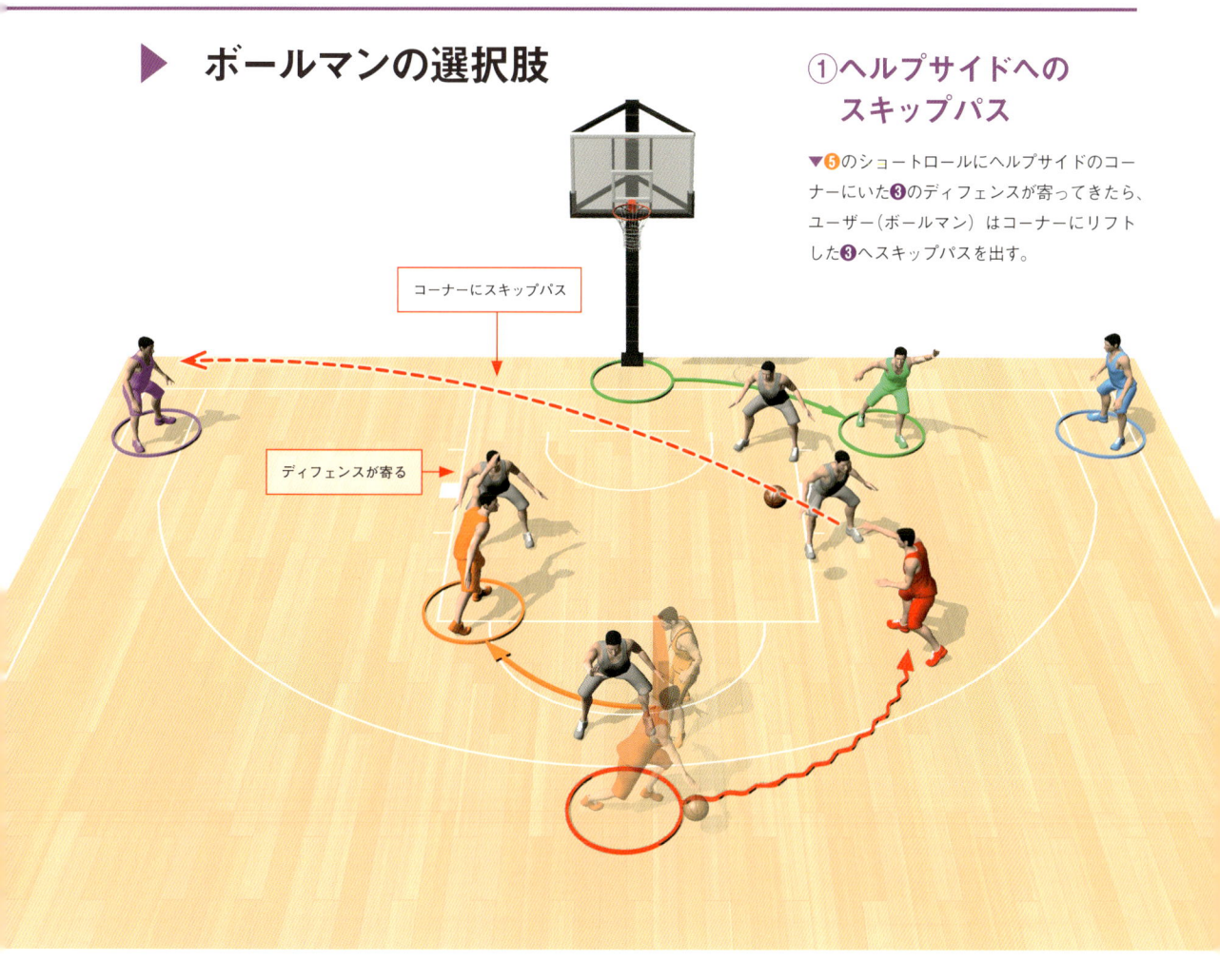

コーナーにスキップパス

ディフェンスが寄る

point of view

### ❸の視点

ボールマン

コーナーにステイする

◀コーナーの❸は、自分のディフェンスがショートロールを守るために寄っていったら、コーナーにステイする。ショートロールに対して、アウトサイドプレーヤーはその場にステイすることも重要。

## ②フローターシュート

フローターシュート

▶スクリーンを使ったユーザー（ボールマン）はまず自分のシュートを狙う。ただし同じサイドのショートコーナーに④が出てきているため、そのディフェンスをかわさなければいけない。身長差がある可能性もあるので、ボールを高く浮かすフローターシュートを打とう。

▶ フローターシュート

## ③キックアウト

▼ユーザー（ボールマン）のドライブにコーナーにいた②のディフェンスがいち早く反応し、ヘルプに飛び出してきたら、②へキックアウトパスを出す。②はシュートを狙う。

シュートを狙う

②のディフェンスがヘルプに飛び出す

キックアウトパス

## ④ ❹からの合わせ

▼もし❹のディフェンスがうまくてシュートを打てず、❺のダイブにもパスが出せなければ、❶はショートコーナーの❹にパスを出すこともできる。❹は自分のディフェンスが慌てて戻ってきたところで、ダイブしたビッグマン❺にパスを出すこともできる。

ボールマン❶がショートコーナーの❹にパスを出したらリフト

### point of view
## ❹の視点

▼自分のディフェンスがボールマンを守りに出ていったため、❶からパスを受けた❹は、ディフェンスの状況を見て次のプレーを判断する。自分で攻めてもいいし、ディフェンスの戻りが早ければ、ダイブした❺にパスを出すこともできる。

# ▶ ピック & ポップを使う

▼5番ポジションの選手（**5**）にアウトサイドシュートの力があるときに有効なプレー。トップでのスクリーンプレーののち、スクリーナー**5**はペイントエリア内にロール（ダイブ）せず、アウトサイドにポップする。

アウトサイドにポップ

---

**Point** ## ピック & ロールか、ピック & ポップかはチームで決めておく！

▼ピック & ロールか、ピック & ポップかはチームで決めておくことが重要だ。それを決めずに、**3**は「ピック & ロールだ」と思って動き、**5**は「ピック & ポップだ」と思って動くと、ヘルプサイドのスロット近辺が狭くなる。もし**1**からパスが届いても、**3**のディフェンス1人で2人（**3**と**5**）を瞬間的に守れてしまう。

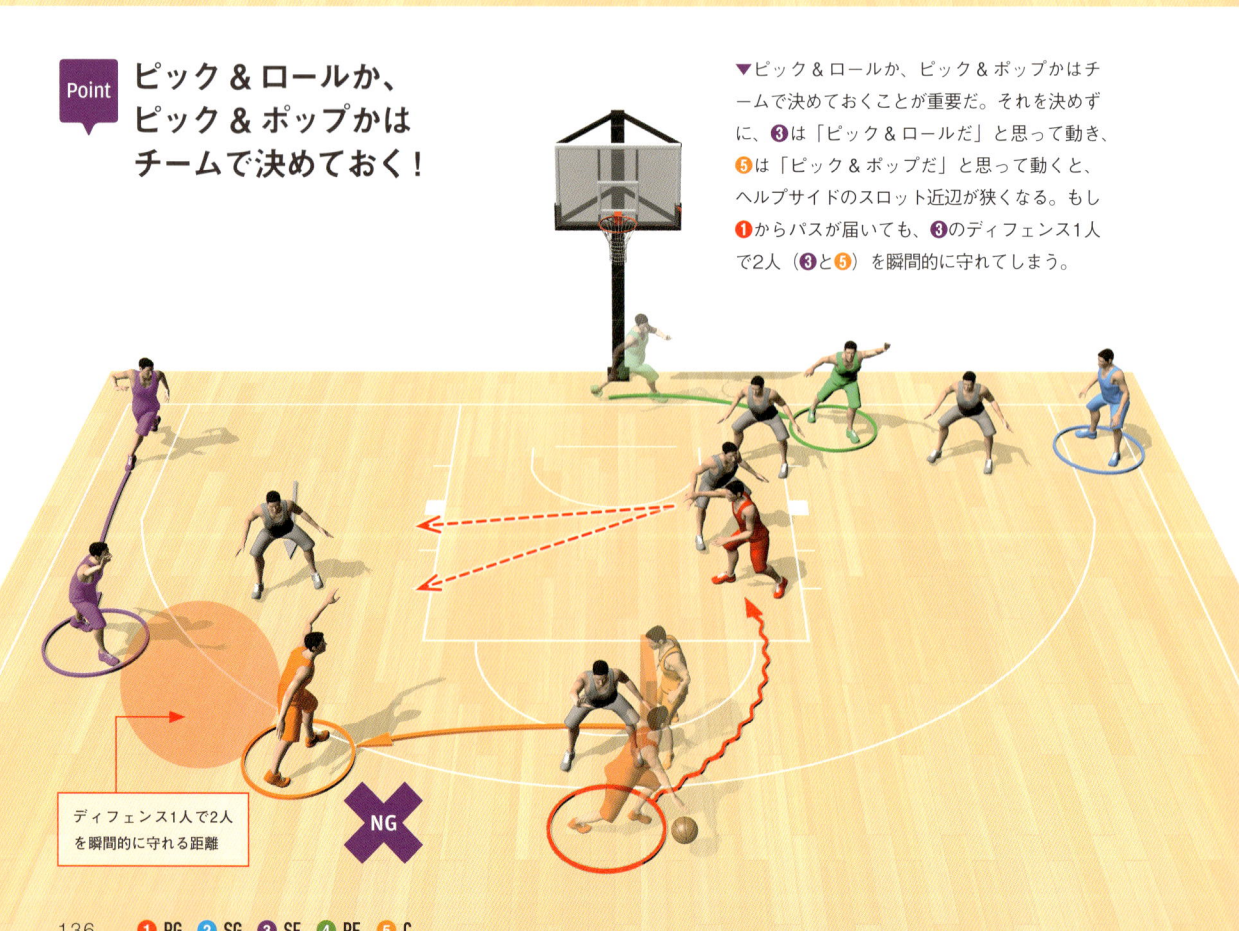

ディフェンス1人で2人を瞬間的に守れる距離

**NG**

## ●ディフェンスの　ミスを見逃さない

▼❺がポップしてパスを受けたとき、❸は自分のディフェンスの体の向きや目線をチェックしておく。もし❺に気を取られていたら、ベースライン沿いをバックカットする。❺はシュートを狙うと同時に、❸の動きも見ておいて、バックカットにパスを出してもよい。

バックカットにパス

point of view

## ❸の視点

▶ディフェンスの体や目線がどこに向いているのかを見ておくことが重要だ。完全に自分のほうを見ていないと感じたら、ゴールに向かってバックカットをする。

ゴールに向かってバックカット

自分の
ディフェンス

point of view

## ❺の視点

▶シュートを狙いつつ、チームメイトの動きも視界に入れておく。パスを出すときはチームメイトが動く先のスペースに、強くて、速いパスを出そう。

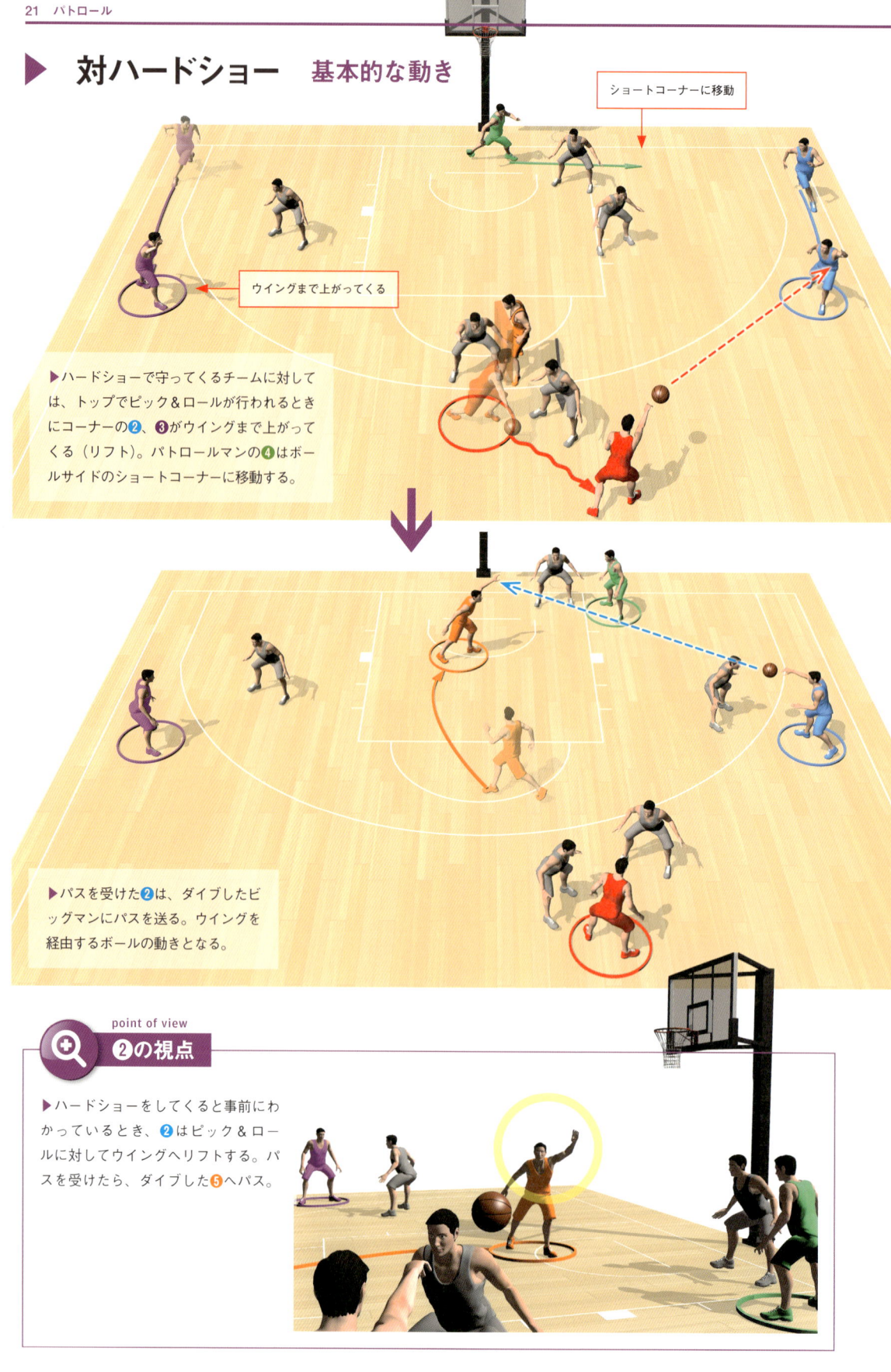

## ▶ 対ハードショー　基本的な動き

ショートコーナーに移動

ウイングまで上がってくる

▶ハードショーで守ってくるチームに対しては、トップでピック＆ロールが行われるときにコーナーの②、③がウイングまで上がってくる（リフト）。パトロールマンの④はボールサイドのショートコーナーに移動する。

▶パスを受けた②は、ダイブしたビッグマンにパスを送る。ウイングを経由するボールの動きとなる。

**point of view**
### ②の視点

▶ハードショーをしてくると事前にわかっているとき、②はピック＆ロールに対してウイングへリフトする。パスを受けたら、ダイブした⑤へパス。

## ●ヘルプサイドのディフェンスが
## 　ダイブをヘルプしたとき

▼⑤のダイブに対してヘルプサイドにいる
③のディフェンスがヘルプにきているのが
見えたら、フリースローラインへ走り込ん
できた③へパスを出す。

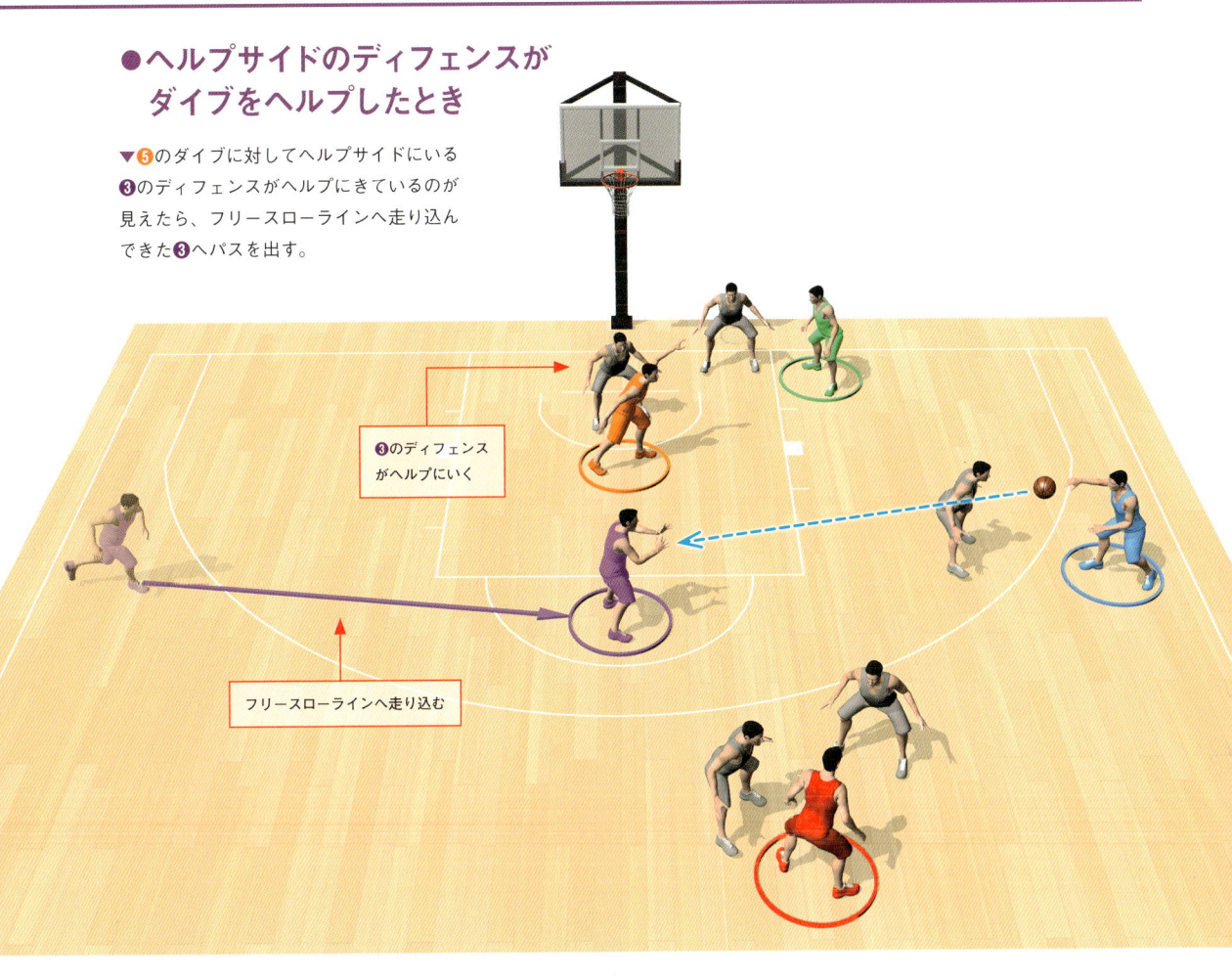

③のディフェンス
がヘルプにいく

フリースローラインへ走り込む

point of view
③の視点

▶自分のディフェンスが⑤のダ
イブに対してヘルプに動いたら、
空いているスペース＝フリース
ローラインへ素早く走り込む。

## ●❸の選択肢

ハイロープレー

シュート

▲フリースローライン上でパスを受けた❸はシュートを狙う。もしディフェンスがクローズアウトしてきて、❺がディフェンスに対してシールできていれば、ハイロープレーを狙う。

point of view

### ❸の視点

▼ボールを受けたらすぐにゴール方向に目を向ける。ディフェンスが遅れていればシュートを狙い、ハードショーディフェンスがリカバーして守りにきたら、ゴール前でシールしている❺を利用して攻める。狭い範囲の状況を見て、素早く次のプレーを判断することが重要だ。

# 22 エクストラプレー

● 世界で見つけたツーガードバックからの攻撃

## ▶ 「スクリーン・ザ・ヘッジャー」（スペイン・ピック＆ロール）

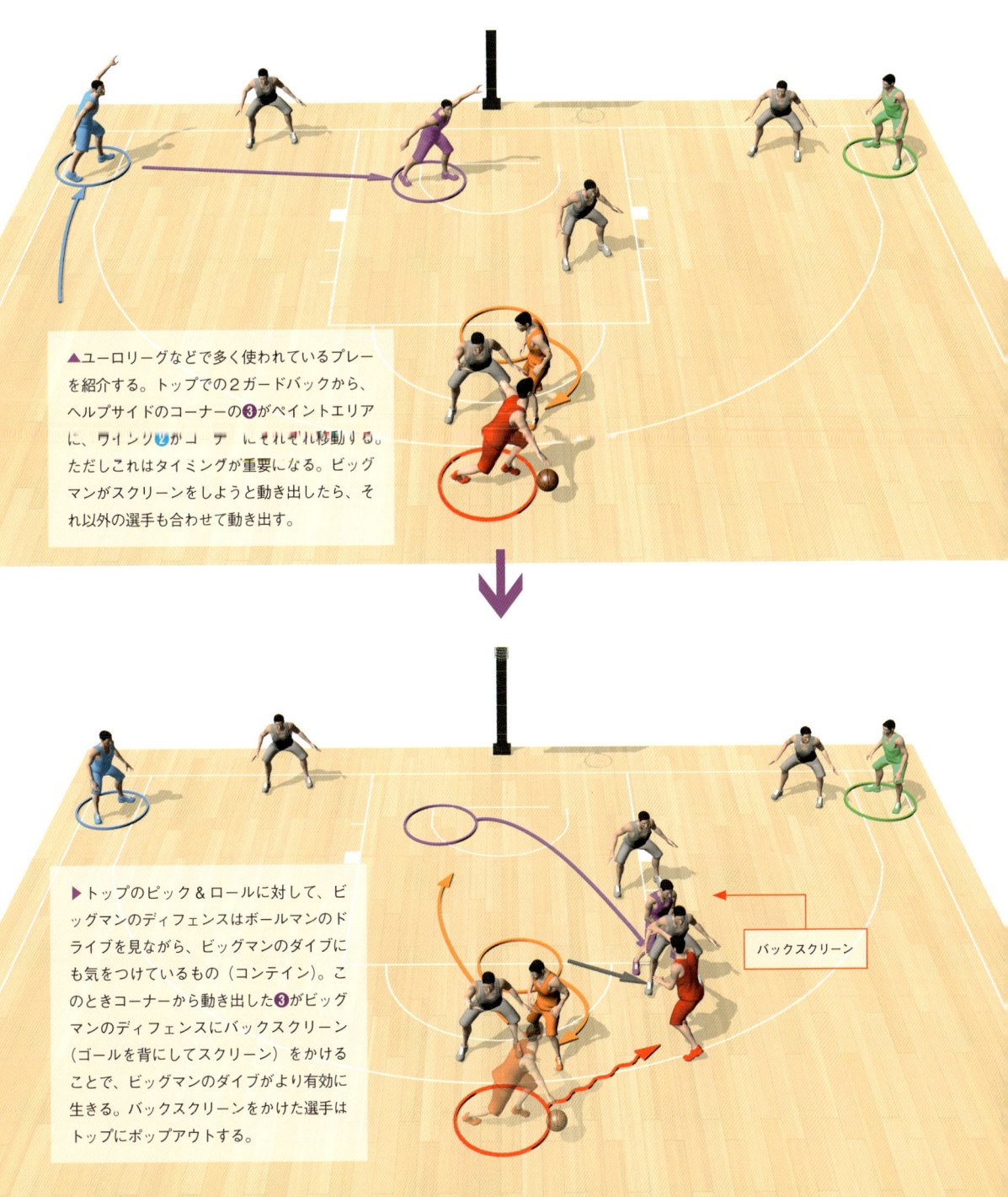

▲ユーロリーグなどで多く使われているプレーを紹介する。トップでの２ガードバックから、ヘルプサイドのコーナーの❸がペイントエリアに、ウイングの❷がコーナーにそれぞれ移動する。ただしこれはタイミングが重要になる。ビッグマンがスクリーンをしようと動き出したら、それ以外の選手も合わせて動き出す。

バックスクリーン

▶トップのピック＆ロールに対して、ビッグマンのディフェンスはボールマンのドライブを見ながら、ビッグマンのダイブにも気をつけているもの（コンテイン）。このときコーナーから動き出した❸がビッグマンのディフェンスにバックスクリーン（ゴールを背にしてスクリーン）をかけることで、ビッグマンのダイブがより有効に生きる。バックスクリーンをかけた選手はトップにポップアウトする。

## ●ダイブ＆リフトでスペースを広げる

▼この「スクリーン・ザ・ヘッジャー」を行っているとき、ヘルプサイドのコーナーに降りていた②は再びウイングにリフトする。そうすることでダイブしたビッグマンのスペースがより広くなる。スクリーンでは「ダイブ＆リフト」の関係が重要になる。

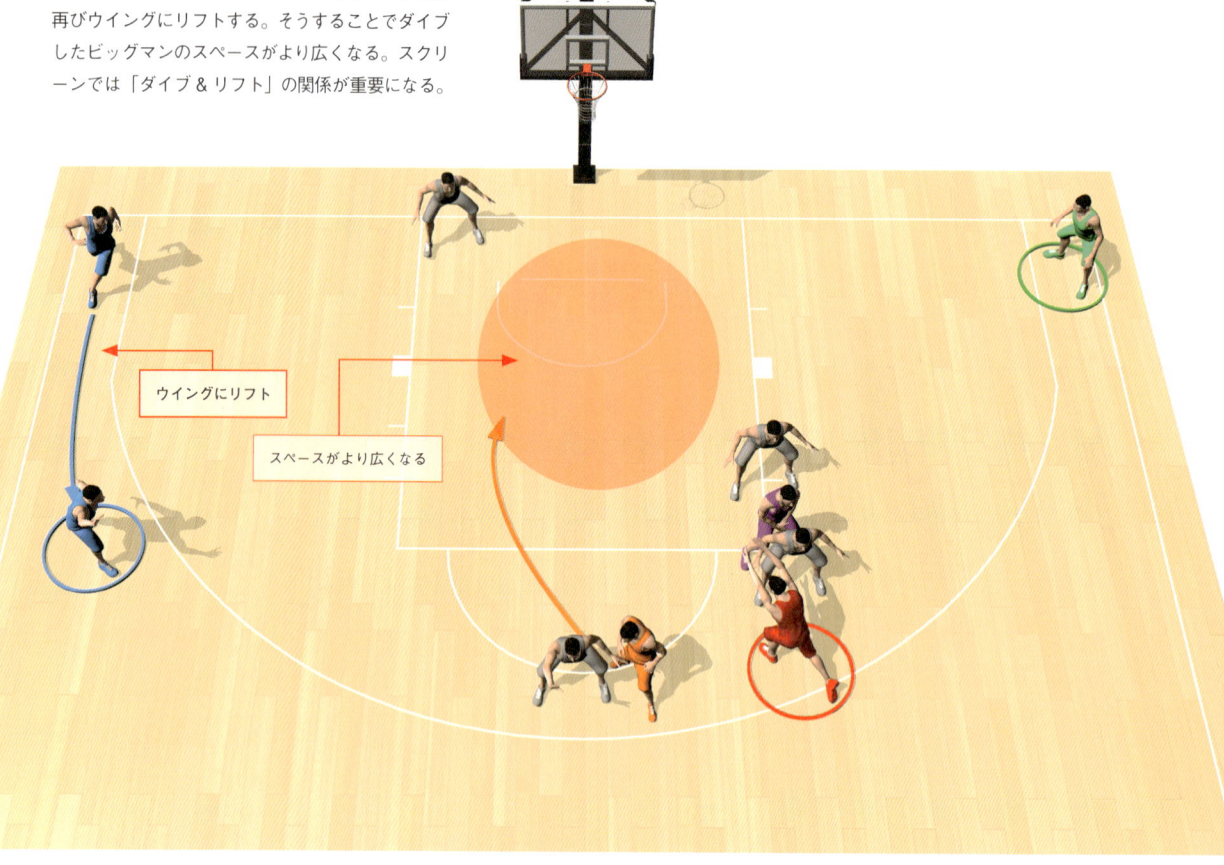

ウイングにリフト

スペースがより広くなる

point of view

### ①の視点<br>（②のディフェンスがダイブをヘルプしたとき）

▼ボールマンは「スクリーン・ザ・ヘッジャー」によってダイブした⑤が完全にノーマークになると思ってはいけない。ヘルプサイドのコーナーにいた②のディフェンスの動きを見て、ヘルプに寄ってきているのを確認したら、素早くウイングにリフトした②へスキップパスを出す。

## ❸の視点（バックピック）

▼コーナーからゴール下に移動してきた❸
は、スクリーンをかける相手＝コンテイン
で守っているビッグマンのディフェンスを
見ておくことが重要だ。そして、なるべく
高い位置でスクリーンをかけるためにダッ
シュでスクリーンに向かう。

## 佐々宜央
さっさ・のりお

1984年5月13日生まれ。東京都出身。2003-09年に母校である東海大学の学生コーチを務め、以降も指導者として活躍。09、13年ユニバーシアード日本代表、09-13年日立サンロッカーズ（現・サンロッカーズ渋谷）、13-16年リンク栃木ブレックス（現・栃木ブレックス）、14-17年日本代表と、アシスタントコーチを歴任。17-18年シーズン、琉球ゴールデンキングスのヘッドコーチに就任し、チームを西地区優勝、チャンピオンシップベスト4に導いた。

**協力　ERUTLUC**

デザイン・図版制作／黄川田洋志、井上菜奈美、藤本麻衣、石黒悠紀（有限会社ライトハウス）
　写　　真／福地和男
　編　　集／三上太
　　　　　長谷川創介（有限会社ライトハウス）

# マルチアングル戦術図解
# バスケットボールの戦い方
## ピック&ロールの視野と状況判断

2018 年8月30日　第1版第1刷発行
2019 年6月10日　第1版第2刷発行

著　　　者／佐々宜央
発 行 人／池田哲雄
発 行 所／株式会社ベースボール・マガジン社
　　　　　〒103-8482
　　　　　東京都中央区日本橋浜町2-61-9　TIE 浜町ビル
　　　　　電話　　　03-5643-3930（販売部）
　　　　　　　　　　03-5643-3885（出版部）
　　　　　振替口座　00180-6-46620
　　　　　http://www.bbm-japan.com/

印刷・製本／広研印刷株式会社
©Norio Sassa 2018
Printed in Japan
ISBN978-4-583-11153-7　C2075